Michael Freiburghaus

Jesus: Volkskirche und Anstoss!

Zürcher Predigten 2014 – 2015

Bibelzitate sind der revidierten Elberfelderbibel entnommen:

REVIDIERTE ELBERFELDER BIBEL

© 1985/1991/2006 SCM-VERLAG GMBH & CO.

KG, WITTEN

Mit freundlicher Erlaubnis des Verlages.

Das Titelbild zeigt das geschnitzte Relief der Grossen Kirche Altstetten, die von 1939-1941 erbaut wurde. Der Schriftzug lautet:

Einer ist euer Meister
Christus
ihr alle aber seid Brueder

Matth. 23,8

In dieser Kirchgemeinde übte Alt NR Pfr. Dr. Ernst Sieber, der wichtigste Pfarrer der Schweiz, von 1967 bis 1992 seinen Dienst aus.

Das Foto entstand am Pfingsttag 24.05.2015.

Meinem Vikariatsvater Pfr. Felix Schmid gewidmet

Für die Kirchgemeinde Zürich-Altstetten

Herstellung und Verlag:
BoD - Books on Demand, Norderstedt
ISBN 978-3-7412-5019-4

Inhaltsverzeichnis

Einleitung 4

1. Gott liebt dich! 5

2. Weihnachten: Gott mit uns! 13

3. Weihnachten: Licht in der Finsternis! 21

4. Ostern: Zweifeln erlaubt? 28

5. Pfingsten: Der Heilige Geist ist der Strom unseres Lebens! 35

6. Bist du ein Fan von Jesus? 36

7. Warum lässt Gott das Leid zu? 44

8. Du sollst dir kein Götterbild machen! 52

9. Gott gönnt dir einen Ruhetag! 59

10. Dein Leben ist wertvoll! 66

11. Wie kann ich meine Beziehungen aufpolieren? 73

12. Der Gewinner ist... 77

Schlusswort oder: Wie weiter? 82

Danksagungen 82

Quellenverzeichnis 83

Verfasser 84

Einleitung

Diese Predigten entstanden während meines einjährigen Abschlusspraktikums zum Pfarrer (Vikariat) in Zürich-Altstetten.

Jesus liebt alle Menschen, deswegen gibt es eine Volkskirche: Wir alle sind eingeladen, ein Teil von ihr zu sein!

Einige der folgenden Predigten haben hohe Wellen geschlagen. Dadurch erkannte ich: Jesus polarisiert! Er entzweit, weil er den grösstmöglichen Anspruch vertritt:

Er ist gleichzeitig Mensch und Gott!

1. Gott liebt dich!

„Geliebte, lasst uns einander lieben! Denn die Liebe ist aus Gott; und jeder, der liebt, ist aus Gott geboren und erkennt Gott. Wer nicht liebt, hat Gott nicht erkannt, denn Gott ist Liebe. Hierin ist die Liebe Gottes zu uns offenbart worden, dass Gott seinen eingeborenen Sohn in die Welt gesandt hat, damit wir durch ihn leben möchten. Hierin ist die Liebe: Nicht dass wir Gott geliebt haben, sondern dass er uns geliebt und seinen Sohn gesandt hat als eine Sühnung für unsere Sünden. Geliebte, wenn Gott uns so geliebt hat, sind auch wir schuldig, einander zu lieben" (1.Johannesbrief 4,7-11).

„Und es fragte einer von ihnen, ein Gesetzesgelehrter, und versuchte ihn [= Jesus] und sprach: Lehrer, welches ist das größte Gebot im Gesetz? Er aber sprach zu ihm: ‚Du sollst den Herrn, deinen Gott, lieben mit deinem ganzen Herzen und mit deiner ganzen Seele und mit deinem ganzen Verstand.' Dies ist das größte und erste Gebot. Das zweite aber ist ihm gleich: ‚Du sollst deinen Nächsten lieben wie dich selbst.' An diesen zwei Geboten hängt das ganze Gesetz und die Propheten" (Matthäusevangelium 22,35-42).

Ein Pfarrer von damals, ein Gesetzesgelehrter, fragt Jesus: *„Welches ist das größte Gebot im Gesetz?"* Wir heute würden Jesus wahrscheinlich fragen: Was ist das Wichtigste im Leben? Jesus antwortet: LIEBE! Liebe Gott und den Nächsten wie dich selbst. *„An diesen zwei Geboten hängt das ganze Gesetz und die Propheten"* (Matthäusevangelium 22,42). Das *„ganze Gesetz und die Propheten"* bedeutet das Alte Testament, das aus dem Gesetz von Mose und den Propheten besteht. Jesus fasst also das ganze Alte Testament mit diesen zwei Geboten zusammen.

Das Gesetz von Mose enthält unter anderem auch die Zehn Gebote:

I. *Ich bin der HERR dein Gott [...] Du sollst keine andern Götter haben neben mir.*

II. *Du sollst dir kein Götterbild machen [...]*

III. *Du sollst den Namen des HERRN, deines Gottes, nicht zu Nichtigem aussprechen [...]*

IV. *Denke an den Sabbattag, um ihn heilig zu halten. [...]*

Diese ersten vier Gebote werden zusammengefasst in der Aufforderung: *„Du sollst den Herrn, deinen Gott, lieben mit deinem ganzen Herzen und mit deiner ganzen Seele und mit deinem ganzen Verstand"* (Matthäusevangelium 22,39).

V. *Ehre deinen Vater und deine Mutter, [...]*

VI. *Du sollst nicht töten.*

VII. *Du sollst nicht ehebrechen.*

VIII. *Du sollst nicht stehlen.*

IX. *Du sollst gegen deinen Nächsten nicht als falscher Zeuge aussagen.*

X. *Du sollst nicht* [den Besitz von anderen] *begehren.* (2.Mose 20,2-17; vgl. 5.Mose 5,6-21).

Das fünfte bis zehnte Gebot wird zusammengefasst im Gebot, den Nächsten zu lieben wie sich selbst.

1.1 Gottesliebe

Jesus fordert uns auf: „*Du sollst den Herrn, deinen Gott, lieben mit deinem ganzen Herzen und mit deiner ganzen Seele und mit deinem ganzen Verstand*" (Matthäusevangelium 22,37). Warum sollen wir Gott überhaupt lieben? Weil Gott dich liebt! Er will eine Beziehung mit dir führen. In der Bibel wird dies so ausgedrückt: „*Gott ist Liebe* […] *Hierin ist die Liebe: Nicht dass wir Gott geliebt haben, sondern dass er uns geliebt* […] *hat*" (1.Johannesbrief 4,8.10a). Die Liebe beginnt eben nicht bei uns, sondern bei Gott. Gott liebt jeden Menschen von ganzem Herzen, ganzer Seele und ganzem Verstand. Bereits im Alten Testament spricht Gott durch den Propheten Jeremia: „*Ja, mit ewiger Liebe habe ich dich geliebt*" (Jeremia 31,3a). Wie zeigt uns Gott konkret seine Liebe? „*Hierin ist die Liebe: Nicht dass wir Gott geliebt haben, sondern dass er uns geliebt und seinen Sohn* [Jesus] *gesandt hat als eine Sühnung für unsere Sünden*" (1.Johannesbrief 4,10). Gott ist heilig, das heisst: Er ist perfekt, er ist rein, ohne Fehler und Sünde. Wir dagegen verstossen oft gegen die Zehn Gebote und die Gottes-, Nächsten- und Selbstliebe. Deshalb sind wir unrein, nicht perfekt, fehlerhaft und sündig. Unsere Sünde trennt uns von dem heiligen Gott, wie er durch den Propheten Jesaja sagt: „*Eure Vergehen sind es, die eine Scheidung gemacht haben zwischen euch und eurem Gott, und eure Sünden haben sein Angesicht vor euch verhüllt, dass er nicht hört*" (Jesaja 59,2). Dieses Problem können wir Menschen nicht lösen, auch nicht, wenn wir versuchen, unsere Moral zu steigern. Dieses Problem kann nur Gott lösen. Wie löst Gott das Problem unsere Sünde? Diese „*Sühnung für unsere Sünden*" hat mit Karfreitag und Ostern zu tun: Gott hat am Karfreitag im Jahr 30 n.Chr. alle unsere Sünden auf sich genommen. Denn Jesus und Gott sind ja untrennbar eins. Als Jesus starb, wurden auch unsere Sünden vernichtet. Er ist also stellvertretend für uns gestorben. An Ostern, drei Tage später, hat Gott ihn von den Toten auferweckt.

Jesus lebt! Deswegen können auch wir ein Leben mit Gott beginnen. Mit einem einfachen Gebet können wir Gott in unser Leben einladen: „Lieber Gott, bisher habe ich ohne dich gelebt. Bitte vergib mir und befreie mich von allem, was mich von dir trennt. Bitte komm jetzt in mein Leben und leite mich von nun an. Amen." Wenn wir so beten, erhalten wir eine Beziehung mit Gott. Vielleicht wendet jemand ein: Das ist ja alles gut und recht. Aber was ist, wenn ich Gott gar nicht liebe? Oder was ist, wenn ich noch gar nicht an ihn glaube? Ich möchte das vergleichen mit dem Feuer. Wir sind dazu geschaffen, eine brennende Liebe zu haben. Nichts erfüllt den Menschen mehr, als wenn er von Herzen liebt. Wenn jemand keine Liebe zu Gott empfindet, ist er vielleicht wie ein nasses Stück Holz, das nicht brennen kann. Aber die Liebe Gottes ist das stärkste Feuer. Wenn sich ein Mensch auf Gottes Liebe einlässt, wird er mit der Zeit auch Feuer fangen. Die Liebe von Gott ist extrem: *„Gott aber erweist seine Liebe zu uns darin, dass Christus, als wir noch Sünder waren, für uns gestorben ist"* (Römerbrief 5,8). Jesus hat sein Leben für uns eingesetzt, als wir ihn noch hassten oder er uns noch gleichgültig war. Wir müssen uns nicht zuerst bessern oder moralisch besser leben, um von Gott geliebt zu werden. *„Denn wenn wir, als wir Feinde waren, mit Gott versöhnt wurden durch den Tod seines Sohnes [...]"* (Römerbrief 5,10a). Niemand kann schlimmer sein als ein Feind Gottes. Und sogar für sie gibt es Hoffnung! Gott liebt auch seine Feinde, also diejenigen, die noch nicht an ihn glauben oder sogar gegen ihn sind. Auch wenn wir an Gott zweifeln, eine schlimme Zeit durchmachen müssen oder uns Sorgen plagen, dann sind diese Situationen nicht hoffnungslos, denn Gott ist grösser als diese Umstände. Eine Kollegin von mir war in einer sehr schlimmen Krise. Sie sprach zu Jesus: Ich kann dich nicht mehr lieben. Er sprach in ihre Gedanken hinein: Ich liebe dich aber immer noch! Dies tröstete sie sehr und sie fand auch nach einiger Zeit wieder zu ihrer Liebe zu Gott. Gott liebt dich! Dies wird sich auch nie ändern. Bis in Ewigkeit liebt er dich. Dies ist kurz zusammengefasst das EVANGELIUM, die frohe Botschaft und gute Nachricht: Nicht wir müssen Gott lieben, sondern Gott hat uns zuerst geliebt und uns dies durch den Tod und die Auferstehung von Jesus gezeigt. Er befreit uns jeden Tag von neuem von allem, was uns von ihm trennt. Wir können uns also wann immer wir wollen ungehindert dem Feuer seiner Liebe aussetzen. Jesus spricht: „*Du sollst den Herrn, deinen Gott, lieben mit deinem ganzen Herzen und mit deiner ganzen Seele und mit deinem ganzen Verstand.*" Wenn wir also mehr und mehr begreifen, dass Gott uns so fest liebt – wie können wir dann diese Liebe Gottes erwidern? Wie können wir Gott lieben?

A) „*mit deinem ganzen Herzen*": Indem wir Gott zum Wichtigsten in unserem Leben machen und mit ihm auch eine gefühlvolle Beziehung führen.

B) „*mit deiner ganzen Seele*": Indem wir mit Gott reden. Zu ihm beten und ihm täglich sagen, was uns beschäftigt, sowohl Gutes als auch Schlechtes.

C) „*mit deinem ganzen Verstand*": Indem wir auch unser Denken auf Gott ausrichten. Dies können wir tun, wenn wir täglich ein Kapitel in der Bibel lesen. Auch ein Abreisskalender kann eine wertvolle Hilfe darstellen. Eine weitere Möglichkeit sind die Losungen der Herrnhuter, die auch als App gratis erhältlich sind. Täglich bieten sie jeweils einen Vers aus dem Alten und dem Neuen Testament.

1.2 Selbstliebe

Jesus spricht: *„Du sollst deinen Nächsten lieben wie dich selbst."* Wir können von zwei Seiten vom Pferd fallen: A) Wenn wir uns zu wenig oder B) zu fest lieben.

A) Heutzutage können viele Menschen sich selber nicht mehr annehmen. Sie sind unzufrieden mit sich selber und können sich nicht selbst lieben. Auswirkungen können beispielsweise Minderwertigkeitsgefühle oder psychische Probleme sein.

B) Einige von uns stehen in der Gefahr einer übersteigerten Selbstliebe. Dies kann sich auswirken, dass man sich zu wichtig nimmt, ständig im Mittelpunkt stehen muss, andere nicht zu Wort kommen lässt oder sich zu viel gönnt.

Die beste Medizin gegen beide Extreme ist die Liebe von Gott: Gott hat das ganze Universum erschaffen und damit auch dich. Er nimmt dich so an, wie du bist. Wenn wir erkennen, dass Gott uns liebt, dann begreifen wir Schritt für Schritt unseren Wert, den wir von Gott haben. Dadurch werden wir uns weder unter- noch überschätzen, weil wir nicht mehr um uns selber kreisen, sondern um Gott.

1.3 Nächstenliebe

Jesus spricht: *„Du sollst deinen Nächsten lieben wie dich selbst."*

A) Der erste Punkt ist: wir müssen erkennen, dass Gott uns liebt.

B) Der zweite Schritt: Durch die Liebe von Gott können wir uns selber annehmen.

C) Erst der dritte Schritt besteht darin, unsere Mitmenschen zu lieben, indem wir ihnen die Liebe Gottes weiterschenken, die wir selber erfahren haben.

Vielleicht kennst du das Sprichwort: Was du nicht willst, das man dir tu', das füg' auch keinem anderen zu! Interessant ist, dass Jesus dieses Sprichwort in der positiven Version befiehlt: „*Alles nun, was ihr wollt, dass euch die Menschen tun sollen, das tut ihr ihnen auch! Denn darin besteht das Gesetz und die Propheten*" (Matthäusevangelium 7,12). Oder im Reim: Was du willst, das man dir tu, das füge auch den andern zu!

Zusammenfassung

Im christlichen Glauben geht es nicht zuerst um Moral oder um unser Tun. Im Zentrum steht das EVANGELIUM, die frohe Botschaft und gute Nachricht: Gott liebt dich! Aus seiner Liebe entsteht eine lebendige Beziehung zu uns Menschen. Wir Menschen werden von seiner Liebe beeinflusst und ändern daraufhin unser Verhalten. Gott liebt uns, das heisst jedoch nicht, dass unser Leben problemlos verlaufen wird. Die ersten Christen wurden zum Beispiel verfolgt, auch heutzutage gibt es noch Christenverfolgung, momentan unter anderem im Irak, in Syrien und Nordkorea. Bei uns wird man vielleicht belächelt, wenn man zu seinem Glauben an Jesus steht. Trotzdem lohnt es sich, an Jesus zu glauben, weil er uns auch Hoffnung im Leid gibt. „*Gott ist Liebe. Hierin ist die Liebe: Nicht dass wir Gott geliebt haben, sondern dass er uns geliebt und seinen Sohn* [= Jesus] *gesandt hat als eine Sühnung für unsere Sünden. Geliebte, wenn Gott uns so geliebt hat, sind auch wir schuldig, einander zu lieben*" (1.Johannesbrief 4,8.10-11).

Anmerkungen

A) Jesus antwortet mit zwei Stellen aus dem Alten Testament:

„Du sollst deinen Bruder in deinem Herzen nicht hassen. Du sollst deinen Nächsten ernstlich zurechtweisen, damit du nicht seinetwegen Schuld trägst. Du sollst dich nicht rächen und den Kindern deines Volkes nichts nachtragen und sollst deinen Nächsten lieben wie dich selbst. Ich bin der HERR" (3.Mose 19,17-18).

„Höre, Israel: Der HERR ist unser Gott, der HERR allein! Und du sollst den HERRN, deinen Gott, lieben mit deinem ganzen Herzen und mit deiner ganzen Seele und mit deiner ganzen Kraft. Und diese Worte, die ich dir heute gebiete, sollen in deinem Herzen sein" (5.Mose 6,4-6).

B) Die übersteigerte Selbstliebe wird auch Narzissmus genannt: Wie Narziss im antiken Mythos, der sich in sein eigenes Spiegelbild verliebte und dadurch immer näher an die Wasseroberfläche ging, bis er ins Wasser fiel und ertrank.

Fragen zum Nachdenken und Diskutieren

A) Hast du Gottes Liebe für dich persönlich schon angenommen?

B) Wie drückst du deine Liebe zu Gott aus? Wie kannst du sie vertiefen?

C) Hast du manchmal Mühe, dich selber anzunehmen? Lies Psalm 23, 121 oder 139.

D) Wie zeigst du deinen Mitmenschen deine Liebe?

2. Weihnachten: Gott mit uns!

„*Und es geschah in den Tagen des Ahas, des Sohnes Jotams, des Sohnes Usijas, des Königs von Juda, da zog Rezin, der König von Aram, und Pekach, der Sohn des Remalja, der König von Israel, nach Jerusalem hinauf zum Kampf gegen es; aber er konnte nicht gegen es kämpfen. Als nun dem Haus David gemeldet wurde: Aram hat sich auf dem Gebiet von Ephraim niedergelassen, da bebte sein Herz und das Herz seines Volkes, wie die Bäume des Waldes vor dem Wind beben. Der HERR aber sprach zu Jesaja: Geh doch hinaus, Ahas entgegen, du und dein Sohn Schear-Jaschub, an das Ende der Wasserleitung des oberen Teiches, zur Straße des Walkerfeldes, und sage ihm: Hüte dich und halte dich ruhig! Fürchte dich nicht, und dein Herz verzage nicht vor diesen beiden Stummeln, diesen qualmenden Holzstücken, nämlich vor der Zornglut Rezins und Arams und des Sohnes Remaljas! Weil Aram Böses gegen dich beschlossen hat ebenso wie Ephraim und der Sohn des Remalja, indem sie sagen: "Lasst uns gegen Juda hinaufziehen und ihm Grauen einjagen und es für uns erobern und dort den Sohn des Tabeal zum König machen!", so spricht der Herr, HERR: Es wird nicht zustande kommen und nicht geschehen. Denn das Haupt von Aram ist Damaskus, und das Haupt von Damaskus ist Rezin - und noch 65 Jahre, dann ist Ephraim zerschlagen, dann ist es kein Volk mehr -, und das Haupt von Ephraim ist Samaria und das Haupt von Samaria ist der Sohn des Remalja. Glaubt ihr nicht, dann bleibt ihr nicht! Und der HERR fuhr fort, zu Ahas zu reden, und sprach: Fordere dir ein Zeichen vom HERRN, deinem Gott! In der Tiefe fordere es oder oben in der Höhe! Ahas aber sagte: Ich will nicht fordern und will den HERRN nicht prüfen. Da sprach er: Hört doch, Haus David! Ist es euch zu wenig, Menschen zu ermüden, dass ihr auch meinen Gott ermüdet? Darum wird der Herr selbst euch ein Zeichen geben: Siehe, die Jungfrau wird schwanger werden und einen Sohn gebären und wird seinen Namen Immanuel nennen*" (Jesaja 7,1-14).

2.1 Die Situation von Jesaja: Vorhersage des Immanuel

735 v. Chr. versuchen die Könige von Israel und Syrien, sich zu verbünden gegen das Nachbarvolk Assur. Doch Juda will nicht mithelfen. Deshalb wollen sie Juda angreifen und König Ahas absetzen. In dieser schwierigen politischen Situation will Gott den König Ahas ermutigen. Gott sieht die Angst von König Ahas und lässt ihm durch den Propheten Jesaja zwei Nachrichten zukommen:

A) Er soll ruhig bleiben, denn es wird den Königen von Israel und Syrien nicht gelingen, ihn zu besiegen. Am Ende dieser Ausführungen steht ein Sprichwort: *„Glaubt ihr nicht, dann bleibt ihr nicht!"*

B) Er soll von Gott ein Zeichen fordern. Gott will ihm ein spezielles Zeichen geben: *„In der Tiefe fordere es oder oben in der Höhe!"* Ahas könnte also ein übernatürliches Zeichen von Gott fordern (vgl. Psalm 107,24). Er könnte sich ein Wunder am Himmel *„oben in der Höhe"* (eine Sonnenfinsternis oder das Stillstehen der Sonne, vgl. Josua 10,13) oder *„in der Tiefe"* (eine Totenauferweckung, vgl. Hesekiel 26,20) wählen. Doch Ahas lehnt dieses Zeichen von Gott ab! *„Ich will nicht fordern und will den HERRN nicht prüfen."* Warum? Wahrscheinlich, weil er nicht mit Gottes Kraft rechnete und schon eigene Pläne schmiedete, wie er in dieser Situation reagieren wollte.

Ahas stellt sich fromm, dabei heuchelt er aber nur. Er will Gott auf einer sicheren Distanz halten. Mir geht es teilweise ähnlich und ich denke, wir alle stehen in dieser Gefahr. Es braucht Mut, sich dem lebendigen Gott auszusetzen. Mit ihm eine 1:1-Beziehung zu führen. Täglich in der Bibel zu lesen und zu beten. Aber es lohnt sich, weil er uns liebt und es gut mit uns meint.

Wie reagiert Gott darauf, dass Ahas kein Zeichen wählt?

Gott selber gibt ein übernatürliches Zeichen, jedoch nicht „*in der Tiefe*" „*oder oben in der Höhe*", sondern bei uns auf der Erde: „*Siehe, die Jungfrau wird schwanger werden.*" Gott wirkt eine übernatürliche Empfängnis. Der zweite Teil der Vorhersage lautet: „*und* [sie wird] *einen Sohn gebären und wird seinen Namen Immanuel nennen.*" Der Name Immanuel bedeutet: „Gott [ist] mit uns." Dieser Name ist Programm, ein Motto, eine Verheissung, eine Zusage. Ein Name, der Mut gibt. Gott ist an unserer Seite. Er lässt uns nicht im Stich, auch wenn wir in einer schwierigen Situation sind.

2.2 Verbindung zwischen Jesaja und Matthäusevangelium

Jesus erfüllt diese Vorhersage, indem er von der Jungfrau Maria geboren wird und weil er der Immanuel ist. Derjenige, der uns Gott nahe bringt. Der Sohn Gottes, der selber Gott ist. Eine Frage ist jedoch berechtigt: Wie kann die Vorhersage, dass die Jungfrau schwanger werden wird, Ahas trösten, wenn doch dieses Ereignis erst 730 Jahre später passiert? Es könnte sein, dass der Retter „Immanuel", den Gott durch Jesaja hier ankündigt, in einer ersten Erfüllung der König Hiskia ist.

Hiskia war der Sohn von König Ahas. Hiskia war ein guter König, der Gott von ganzem Herzen vertraute, kein Götzendienst übte und auch die heidnischen Höhenheiligtümer abschaffte (vgl. 2.Könige 21,3 und 2.Chronik 32,33). In diesem Fall wäre die „*Jungfrau*" natürlich eine junge Frau, ein Mädchen, nämlich die Ehefrau von Ahas, die die Mutter von Hiskia wird.

Dies führt zu einer weiteren Frage: Wie können wir Vorhersagen aus dem Alten Testament heute verstehen? Es ist gut möglich, dass eine Vorhersage mehrere Erfüllungen hat: eine erste im Alten

Testament, Hiskia, und eine zweite im Neuen Testament: Jesus. Eine Vorhersage kann also in mehrere Zeiten hinein sprechen.

Warum ist dies so? Die Bibel ist das Wort Gottes, die Heilige Schrift, sie ist *„von Gott eingehaucht/inspiriert"* (2.Timotheusbrief 3,16). Die Bibel veraltet nie, weil Gott durch sie zu uns spricht. Wie Gott zu den biblischen Personen Jesaja und Ahas sprach, so spricht er auch heute zu uns, wenn wir in der Bibel lesen.

Wenn eine Vorhersage mehrere Erfüllungen hat, kann man von einem Typos sprechen. Typos oder Typologie ist ein Muster. Hiskia war ein guter, gottesfürchtiger König und er weist uns dadurch auf Jesus hin, den besten König. Eine Veranschaulichung: Ein Typos ist wie ein Modellauto, das im Massstab 1:24 vorliegt. Hiskia ist ein Modellferrari im Vergleich zu Jesus, der der richtige Ferrari ist.

Die Jungfrauengeburt und Immanuel als Typos zu sehen, ist eine gute Möglichkeit, um das Alte und das Neue Testament als spannungsvolle Einheit zu sehen.

A) Falls jemand sagt: Das Alte Testament spricht nur für sich und muss ohne die Deutung durch das Neue Testament auskommen, dann ist Immanuel nur Hiskia, aber nicht Jesus. Bei dieser Interpretation wird aber vergessen, dass alttestamentlichen Vorhersagen auch eine Langzeit-Erfüllung beinhalten können. Ein Hinweis auf eine Langzeit-Erfüllung ist die Formulierung aus den Propheten: *„Siehe, Tage kommen, spricht der HERR"* (Jesaja 39,6; Jeremia 16,14; Amos 8,11).

B) Falls nur das Neue Testament als Erfüllung von alttestamentlichen Vorhersagen gesehen wird, wird man dem Alten Testament nicht gerecht, das auch für sich alleine genommen wertvoll ist.

Die Bibel enthält neben der Typologie von Hiskia (dem guten König) und Jesus (dem besten König) auch noch weitere typologische Erfüllungen. Im Alten Testament gibt eine ganze Reihe von Personen im Sinne von Typen, die in Jesus eine Entsprechung und endgültige Erfüllung finden:

Alttestamentliche Verheissung/Typ	Neutestamentliche Erfüllung/Antityp
Adam, der erste Mensch, durch ihn kam die Sünde (1.Mose 3,6).	Jesus, der letzte Adam, vernichtete die Sünde (Römerbrief 5,12-18; 1.Korintherbrief 15,22.45).
Melchisedek, der Priester zur Zeit Abrahams (1.Mose 14,18).	Jesus, der Hohepriester in Ewigkeit (Hebräerbrief 6,20).
Mose, der gute Gesetzgeber (2.Mose 20).	Jesus, der beste Gesetzgeber (Johannesevangelium 1,18).
David, der gottesfürchtige König (1.Samuel 16,13).	Jesus, der König der Könige (Offenbarung 19,16).
Salomo, der weise König (1.Könige 5,9-10.14.26).	Jesus, der weiseste König (Matthäusevangelium 12,42).
Elia, der bedeutendste Prophet des Alten Testaments (vgl. 1.Könige 17-2.Könige 2; Maleachi 3,23)	Johannes der Täufer als neuer Elia (Matthäusevangelium 11,14; 17,12) und sogar: Jesus, der beste Prophet (Lukasevangelium 7,16).

Es tritt immer eine Steigerung auf: Jesus übertrifft alle alttestamentlichen Vorbilder, wie ein richtiger Ferrari einen Modellferrari bei weitem übertrifft.

Neben der damaligen Erfüllung dieser Vorhersage durch die Geburt des Königs Hiskia gibt es eine endgültige Erfüllung durch die Empfängnis und Geburt von Jesus.

2.3 Die Situation von Matthäus: Erfüllung

„Mit dem Ursprung Jesu Christi verhielt es sich aber so: Als nämlich Maria, seine Mutter, dem Josef verlobt war, wurde sie, ehe sie zusammengekommen waren, schwanger befunden von dem Heiligen Geist. Josef aber, ihr Mann, der gerecht war und sie nicht öffentlich bloßstellen wollte, gedachte sie heimlich zu entlassen. Während er dies aber überlegte, siehe, da erschien ihm ein Engel des Herrn im Traum und sprach: Josef, Sohn Davids, fürchte dich nicht, Maria, deine Frau, zu dir zu nehmen! Denn das in ihr Gezeugte ist von dem Heiligen Geist. Und sie wird einen Sohn gebären, und du sollst seinen Namen Jesus nennen, denn er wird sein Volk retten von seinen Sünden. Dies alles geschah aber, damit erfüllt würde, was von dem Herrn geredet ist durch den Propheten, der spricht: ‚Siehe, die Jungfrau wird schwanger sein und einen Sohn gebären, und sie werden seinen Namen Emmanuel nennen‘, was übersetzt ist: Gott mit uns. Josef aber, vom Schlaf erwacht, tat, wie ihm der Engel des Herrn befohlen hatte, und nahm seine Frau zu sich; und er erkannte sie nicht, bis sie einen Sohn geboren hatte; und er nannte seinen Namen Jesus" (Matthäus 1,18-25).

Maria und Josef sind noch nicht verheiratet, aber Maria ist schon schwanger. Dass sie vom Heiligen Geist schwanger ist, hat er wahrscheinlich nicht gewusst. Josef hatte zwei Möglichkeiten: entweder Maria wegen Untreue vor Gericht zu bringen oder ihr in Anwesenheit von zwei Zeugen einen Scheidebrief auszuhändigen. Er wollte kein Gerichtsverfahren und sie öffentlich bloss stellen, weil er *„gerecht war"*. Er wollte sie *„heimlich entlassen"*. Maria wäre dann eine alleinerziehende Mutter gewesen. Aber Josef entliess seine Verlobte Maria nicht. Er gehorchte den Anweisungen des Engels und nahm Maria zu sich.

Jesus ist dieser schon damals verheissene Immanuel: „Gott [ist] mit uns." Dieses Mut machende Programm zieht sich wie ein roter Faden durch das ganze Matthäusevangelium. Es kommt am Anfang und am Ende vor, wo Jesus spricht: *„Und siehe, ich bin bei euch alle Tage bis zur Vollendung des Zeitalters"* (Matthäusevangelium 28,20).

Der Name Jesus bedeutet „Jahwe [Name von Gott im Alten Testament] ist Rettung" oder „Gott rettet." Welche Rettung ist gemeint? *„denn er* [= Jesus] *wird sein Volk retten von seinen Sünden"* (Matthäusevangelium 1,21b). Das ganze EVANGELIUM ist in diesem einen Satz zusammengefasst. Diese frohe Botschaft und gute Nachricht lautet: Jesus hat die Sünde und die Schuld seines Volkes getragen, weil er gestorben und auferstanden ist. Er rettet auch uns von unseren Sünden, wenn wir ihn darum bitten. Wie geht das genau? Wenn wir Gott unsere Sünden in einem einfachen Gebet nennen, dann vergibt er uns. Gott macht uns rein von allen unseren Verfehlungen. Wir erhalten wieder eine ungetrübte Beziehung mit ihm. Dies dürfen wir froh und dankbar für uns ergreifen.

Diese Geburtsgeschichte fasst nicht nur das EVANGELIUM knapp zusammen, sondern wir erhalten auch wertvolle Informationen, wer Jesus ist:

A) Jesus ist von der Jungfrau Maria geboren. Dies ist ein übernatürliches Zeichen. Beide, Maria und Josef, erhalten je einen Besuch eines Engels.

B) Der Name Jesus ist Programm: Gott rettet! Vielleicht kennst du das lateinische Sprichwort: „Nomen est/atque omen!" (Plautus, Persa). Der Name ist ein Vorzeichen/hat eine Vorbedeutung. So ist es auch bei Jesus. Er hält, was er verspricht.

C) Ebenso ist der Name Immanuel ein Programm: Gott mit uns!

Zusammenfassung

Die Bibel ist das Wort Gottes und die Heilige Schrift. Sie ist zuverlässig. Einige Vorhersagen haben eine mehrfache Erfüllung. Dies zeigt, dass Gott über Hunderte von Jahren zu verschiedenen Menschen treu ist. Deswegen vertrauen auch wir heute darauf, dass Gott uns beisteht. Die beiden Namen Jesus und Immanuel beschreiben das innerste Wesen von Jesus Christus: Gott rettet uns und Gott ist mit uns!

Fragen zum Nachdenken und Diskutieren

A) Welche weiteren typologischen Beziehungen zwischen dem Alten und Neuen Testament kennst du?

B) Auch wir können ganz praktisch alleinerziehende Mütter unterstützen. Als konkrete Anwendung könntest du eine alleinerziehende Mutter aus deiner Nachbarschaft fragen, ob du ihre Kinder einmal hüten darfst. Wahrscheinlich wird sie sehr dankbar sein, dass sie einen freien Nachmittag verbringen kann.

3. Weihnachten: Licht in der Finsternis!

"Das Volk, das im Dunkel lebt, sieht ein großes Licht. Die im Land der Finsternis wohnen, Licht leuchtet über ihnen. Du vermehrst den Jubel, du machst die Freude groß. Sie freuen sich vor dir, wie man sich freut in der Ernte, wie man jauchzt beim Verteilen der Beute. Denn das Joch ihrer Last, den Stab auf ihrer Schulter, den Stock ihres Treibers zerbrichst du wie am Tag Midians. Denn jeder Stiefel, der dröhnend einherstampft, und jeder Mantel, in Blut gewälzt, verfällt dem Brand, wird ein Fraß des Feuers. Denn ein Kind ist uns geboren, ein Sohn uns gegeben, und die Herrschaft ruht auf seiner Schulter; und man nennt seinen Namen: Wunderbarer Ratgeber, starker Gott, Vater der Ewigkeit, Fürst des Friedens. Groß ist die Herrschaft, und der Friede wird kein Ende haben auf dem Thron Davids und über seinem Königreich, es zu festigen und zu stützen durch Recht und Gerechtigkeit von nun an bis in Ewigkeit. Der Eifer des Herrn der Heerscharen wird dies tun" (Jesaja 9,1-6).

3.0 Einleitung

Worüber hast du dich das letzte Mal von Herzen gefreut? Wann war dir das letzte Mal zum Jubeln zu Mute? Wann hast du das letzte Mal Freudentränen gelacht? Wahrscheinlich werden wir solche Momente nie mehr vergessen. Sie bleiben uns in guter Erinnerung. Ähnlich geht es dem Propheten Jesaja.

3.1 Situation von Jesaja

Jesaja sieht in einer Vision, wie das Volk jubelt und sich freut wie nach einem militärischen Sieg: Die vom Krieg dreckigen Stiefel und Mantel werden ausgemustert, weil sie nicht mehr gebraucht werden. Das Volk ist endlich in Sicherheit. Nach einer dunklen Zeit folgt endlich das lang ersehnte Licht. Warum? *"Denn ein Kind ist uns geboren, ein Sohn uns gegeben."* Diese Begründung kommt völlig überraschend! Was hat diese Freude mit der Geburt eines kleinen Kindes zu tun? Eigentlich würden wir einen erfolgreichen Feldherrn erwarten wie zum Beispiel den Richter Gideon, der die Midianiter besiegte (vgl. Richter 7,15-25). Doch statt des Namens eines Feldherrn erfahren wir vier Namen des Kindes. Vier Ehrennamen. Vier Titel: *„Wunderbarer Ratgeber, starker Gott, Vater der Ewigkeit, Fürst des Friedens."*

A) Der erste Name lautet: *„Wunderbarer Ratgeber":* Dieses Kind wirkt Wunder. Wenn wir im Propheten Jesaja weiterlesen, stossen wir darauf, dass nur Gott selber Wunder wirkt: *„Auch dies geht aus vom HERRN der Heerscharen. Er führt seinen Plan wunderbar aus"* (Jesaja 28,29). Dieses Kind ist speziell, weil es übernatürliche Kräfte besitzt. Was heisst das für uns? Auch heute noch heilt Gott Menschen an Körper, Seele und Geist *„wunderbar"*, durch ein übernatürliches Wunder, wenn wir ihn darum bitten. Manchmal heilt Gott nicht körperlich, sondern seelisch wie ein *„Ratgeber"*, indem er uns die Kraft gibt, körperliche Schmerzen oder Gebrechen zu ertragen, ohne daran zu verzweifeln. Auch das zweite ist ein Wunder.

B) Der zweite Name ist: *„starker Gott"*, dieses Kind ist selber Gott (vgl. Jesaja 10,21), oder: Gottes Sohn. Das Kind ist kein normales Kind aus Fleisch und Blut, sondern Gott in Person. Im ersten Kapitel haben wir gesehen, wie die Vorhersage von Jesaja: *„Siehe, die Jungfrau wird schwanger werden und einen Sohn gebären und wird seinen Namen Immanuel nennen"* (Jesaja 7,14) möglicherweise zwei Erfüllungen hat: im Alten Testament König Hiskia und im Neuen Testament Jesus. Doch hier ist das anders. Dies hier ist nur eine Vorhersage auf Jesus, nicht aber auf König Hiskia. Nur der Sohn Gottes Jesus Christus darf *„starker Gott"* genannt werden, nicht ein normaler Mensch.

C) Der dritte Name heisst: *„Vater der Ewigkeit"*, das Kind ist plötzlich schon Vater, sogar für immer. Wir alle haben wohl schon schlechte Erfahrungen mit unserem irdischen Vater gemacht: Er hat uns bestraft, war zu streng oder hatte Charaktermängel, unter denen wir litten. Doch der *„Vater in Ewigkeit"* ist die Güte in Person. Er ist der perfekte Vater, der uns nie im Stich lässt.

D) Der vierte Name lautet: *„Fürst des Friedens"*, dieses Kind bringt Frieden. Das hebräische Wort „Schalom" kann auch „Ruhe" oder „Wohlstand"/„Wohlergehen" bedeuten. Genau das wünschen wir uns doch in unserem Leben: Frieden, Ruhe und Wohlstand. Gott schenkt uns dies in Jesus, weil er uns liebt.

Der zweite Teil dieser Vorhersage beginnt mit den Worten: *„Groß ist die Herrschaft."* Im ersten Moment stört uns vielleicht diese militärische Sprache. Doch Entwarnung. Wie herrscht dieses Kind oder eben Jesus? *„Der Friede wird kein Ende haben."* Dieses Kind/Jesus bringt Frieden. Der Vers geht noch weiter: *„Der Friede wird kein Ende haben auf dem Thron Davids und über seinem Königreich"*. Wer war David? David war ein König von Israel, der Gott von ganzem Herzen vertraute. Deshalb wollte er Gott in Jerusalem einen Tempel bauen. Darauf versprach Gott ihm: *„Dein Haus aber und dein Königtum sollen vor dir Bestand haben für ewig, dein Thron soll fest stehen für ewig"* (2.Samuel 7,16).

Das Kind, Jesus, ist ein König, ein zweiter David, deshalb sitzt er auf dem Thron Davids. Jesus ist ein Nachfahre von David. Wofür benützt es seine Herrschaft? Um das Königtum Davids „zu festigen und zu stützen durch Recht und Gerechtigkeit von nun an bis in Ewigkeit." Jesus ist für immer König. Er ist nicht korrupt, sondern regiert gerecht wie ein liebender Vater.

Der zweite Teil der Vorhersage endet mit dem Satz: *„Der Eifer des HERRN der Heerscharen wird dies tun"*, Gott, der Allmächtige, eifert selber für die ewige Herrschaft von Jesus (vgl. Hesekiel 26,22-23). Es ist das grösste Anliegen von Gott, dass Menschen zu Jesus finden und sich freiwillig der Herrschaft von Jesus unterstellen.

Im Neuen Testament, im Johannesevangelium, greift Johannes mehrere Stichworte dieser Vorhersage wieder auf:

3.2. Die Situation von Johannes (Felix Schmid; mit Erlaubnis)
„Im Anfang war das Wort, und das Wort war bei Gott, und das Wort war Gott. Dieses war im Anfang bei Gott. Alles wurde durch dasselbe, und ohne dasselbe wurde auch nicht eines, das geworden ist. In ihm war Leben, und das Leben war das Licht der Menschen. Und das Licht scheint in der Finsternis, und die Finsternis hat es nicht erfasst. Und das Wort wurde Fleisch und wohnte unter uns, und wir haben seine Herrlichkeit angeschaut, eine Herrlichkeit als eines Eingeborenen vom Vater, voller Gnade und Wahrheit" (Johannesevangelium 1.1-4.14).

Ja, Jesaja hatte eine grossartige Vision. Das Volk, das im Finstern wandelt, sieht ein grosses Licht. Das Volk jubelt wie nach einem grossen Sieg. Jesaja war begeistert.

Aber in den folgenden Jahrhunderten der jüdischen Geschichte gab es wenig Grund zum Jubeln. Seit dem Grossreich Juda/Israel, das David aufgebaut und Salomo gefestigt hatte, sind es bereits 300-400 Jahre her. Das Reich war geteilt in Nord- und Südreich. Politische Erfolge nicht in Sicht. Sie stellten sich auch in den folgenden Jahrhunderten nicht ein. Im Gegenteil. Das Volk hatte Eroberungen und Deportationen zu erleiden. Zuerst durch die Assyrer. Dann durch die Babylonier.

Und als Jesus geboren wurde, war Palästina unter römischer Besatzung.

Auf diesem Hintergrund löst die Vision des Jesaja Befremden aus.
„Ein Kind ist uns geboren, ein Sohn uns gegeben, und die Herrschaft ruht auf seiner Schulter; und man nennt seinen Namen: Wunderbarer Ratgeber, starker Gott, Vater der Ewigkeit, Fürst des Friedens."

Hallo!? Werden wir hier an der Nase herumgeführt? Da wird Siegesjubel angesagt. Überwindung von Gewaltherrschaft. Endlich Friede. Und dann? Jahrhunderte lässt die Erfüllung auf sich warten und als dann das Kind endlich geboren wird – wächst es nicht einmal zu diesem erwarteten Herrscher heran! Es gab zwar öffentliche Wirksamkeit. Wunder. Volksauflauf. Beeindruckende Reden. Grosse Autorität. Aber dann geht Jesus einen ganz anderen Weg. Den Weg der Sanftmut und der Demut. Den Weg des Leidens; der Solidarität mit den Schwachen und Ausgestossenen. Das Volk begreift es nicht. Das Volk versteht nicht, was für ein Herrscher das ist. Kein politischer Herrscher, sondern ein König der Herzen. Das ist nicht das, was das Volk erwartet. Weg mit ihm!

Johannes klärt zum Anfang seines Evangeliums, was für ein Kind hier geboren wurde. *„Das Wort ward Fleisch."* Logos – im Griechischen Inbegriff von Weisheit/Verstand/Wortmächtigkeit – Wort – Gottes schöpferisches Wort – Gottes Schöpfermacht selber. Gott selber wird Mensch. Das Leben selbst ist erschienen. *„Das Licht scheint in der Finsternis."*

Aber – auch diese erschütternde Realität nennt Johannes: Die Finsternis hat es nicht erfasst. Das jüdische Volk lebte mit dieser Erwartung auf einen Besonderen; einen Messias. Sie wussten – er wird kommen, dieser Retter, dieser Heiland Gottes. Jahrhunderte vorher angekündigt. Von Propheten, Engeln, Johannes dem Täufer vorbereitet. Auch dass er anders ist, war angekündigt. Ein Kind. Sanftmütig. *Unsere Schmerzen wird er tragen. Unsere Krankheit auf sich bürden* (vgl. Jesaja 53,4-6). Und: dass er trotz diesem „Anders-Kommen" viel, viel mehr ist. Herrschaft ohne Ende. Ein Friedensreich, das nicht mehr zerstörbar sein wird. Jesaja hat es doch gesehen: Er kommt zwar als Kind. Sanft. Und doch kommt die Herrschaft auf seine Schultern und der Jubel ist am Ende grösser, als der Jubel über einen grossen politischen oder militärischen Sieg.

Und als er dann endlich kommt, der Verheissene. Als es dann endlich kommt. Dieses Licht; dieses Leben – wird es verpasst. Weil es nicht so kommt, wie man meinte oder wie man wollte oder wie man es erwartete.

Und heute? Heute können wir es erkennen, dass die Herrschaft dieses Jesus viel, viel grösser ist. Hätte er damals den Thron bestiegen und die Römer aus dem Land gejagt – kaum mehr jemand würde heute noch von ihm reden.

Heute gehören wir zu den Privilegierten, die jubeln können. Alle Jahre wieder: „Weihnachtsjubel". Ein Kind ist uns geboren! Ein Kind ist uns geboren! So tönt es hin über Länder und Kontinente. Jahr für Jahr.

Ist das nicht erstaunlich. 2600 Jahre nach Jesaja klingt es noch immer: *„Ein Kind ist uns geboren. Ein Sohn ist uns gegeben und die Herrschaft kommt auf seine Schultern."*

Heute können wir erkennen – oder zumindest erahnen, dass das eine ganz andere Herrschaft ist, die er angetreten hat. Er ist und bleibt der König der Herzen. Jesus spricht: Das Reich Gottes ist inwendig in euch: *„Das Reich Gottes ist mitten unter euch"* (Lukasevangelium 17,21).

Worüber haben Sie sich das letzte Mal von Herzen gefreut? Wann war Ihnen das letzte Mal zum Jubeln zu Mute? Wann haben Sie das letzte Mal Freudentränen gelacht? Ich bin überzeugt: Wer zuletzt lacht, lacht am besten… Lassen Sie mich das erklären: Vielleicht sind Sie auch durch Zeiten gegangen, in denen Sie mit diesem Jesus nichts anzufangen wussten. Wie damals das jüdische Volk nichts anzufangen wusste mit diesem Mann aus Nazareth, der auf einem Esel nach Jerusalem hinein ritt. Vielleicht wurden Sie enttäuscht, weil er nicht so handelte oder Ihre Probleme löste, wie Sie es erwartet hätten. Oder Ihre Gebete wurden nicht erhört.

Vielleicht hat er nicht Ordnung geschaffen in den Konflikten Ihres Lebens. So, wie er damals nicht Ordnung schaffte im Konflikt der Juden mit den Römern. Das ändert nichts daran, dass dieses Licht scheint. Auch in den Finsternissen des Schwierigen und Unverständlichen unseres Lebens. Hören Sie nicht auf, darum zu beten, dass Sie es erfassen können, wie dieses Licht scheint – auch in Ihrem Leben. Und das schon immer geschienen hat. So wird der Jubel gross werden können. Auch in Ihrem Leben. Auch in meinem Leben. Als *„wunderbarer Ratgeber, starker Gott, Vater der Ewigkeit, Fürst des Friedens"* kommt er hinein in das Leben von Menschen, die sich öffnen. Hinein in Kirchen, Kommunitäten, Regierungen. Er wird am Ende alles durchdringen mit seinem Frieden. So ist es verheissen. Und Gott wird nicht ruhen, bis dieser Friede die äussersten Enden erreicht hat.

„Das wird der Eifer des Herrn der Heerscharen tun."

Fragen zum Nachdenken und Diskutieren

A) *Wunderbarer Ratgeber*: In welchen Bereichen deines Lebens brauchst du ein Wunder? Bete dafür. Wo brauchst du Rat? Wie kannst du ihn dir beschaffen?

B) *Starker Gott:* Wo bist du schwach? Die eigenen Schwächen zuzugeben ist keine Schande, sondern ein Zeichen der Stärke und des Gottvertrauens. Lies 2.Korintherbrief 12,1-10.

C) *Vater der Ewigkeit:* Gott wird unser Vater, wenn wir Jesus als persönlichen Herrn und Retter in unserem Leben annehmen: *„So viele ihn* [= Jesus] *aber aufnahmen, denen gab er das Recht, Kinder Gottes zu werden, denen, die an seinen Namen glauben"* (Johannesevangelium 1,12). Hast du dies schon getan? Wann? Falls nicht: Was hindert dich daran?

D) *Fürst des Friedens*: „*Denn er* [= Jesus] *ist unser Friede*" (Epheserbrief 2,14). Gott stiftet durch Jesus Frieden sowohl zwischen ihm und uns als auch zwischen uns Menschen. Wo kannst du mit Gottes Hilfe Frieden stiften?

4. Ostern: Zweifeln erlaubt?

„*Als es nun Abend war an jenem Tag, dem ersten der Woche, und die Türen, wo die Jünger waren, aus Furcht vor den Juden verschlossen waren, kam Jesus und trat in die Mitte und spricht zu ihnen: Friede euch! Und als er dies gesagt hatte, zeigte er ihnen die Hände und die Seite. Da freuten sich die Jünger, als sie den Herrn sahen. Jesus sprach nun wieder zu ihnen: Friede euch! Wie der Vater mich ausgesandt hat, sende ich auch euch. Und als er dies gesagt hatte, hauchte er sie an und spricht zu ihnen: Empfangt Heiligen Geist! Wenn ihr jemandem die Sünden vergebt, dem sind sie vergeben, wenn ihr sie jemandem behaltet, sind sie ihm behalten. Thomas aber, einer von den Zwölfen, genannt Zwilling, war nicht bei ihnen, als Jesus kam. Da sagten die anderen Jünger zu ihm: Wir haben den Herrn gesehen. Er aber sprach zu ihnen: Wenn ich nicht in seinen Händen das Mal der Nägel sehe und meine Finger in das Mal der Nägel lege und lege meine Hand in seine Seite, so werde ich nicht glauben. Und nach acht Tagen waren seine Jünger wieder drinnen und Thomas bei ihnen. Da kommt Jesus, als die Türen verschlossen waren, und trat in die Mitte und sprach: Friede euch! Dann spricht er zu Thomas: Reiche deinen Finger her und sieh meine Hände, und reiche deine Hand her und lege sie in meine Seite, und sei nicht ungläubig, sondern gläubig! Thomas antwortete und sprach zu ihm: Mein Herr und mein Gott! Jesus spricht zu ihm: Weil du mich gesehen hast, hast du geglaubt. Glückselig sind, die nicht gesehen und doch geglaubt haben!*" (Johannesevangelium 20,19-29).

4.1 Erste Szene: Sündenvergebung

Am Abend des ersten Ostersonntags waren die Jünger miteinander versammelt. Jesus kommt zu ihnen. Er ist auferstanden. Die Naturgesetze von Raum und Zeit gelten für ihn nicht mehr. Er kann durch Wände und verschlossene Türen gehen. Jesus spricht seine Jünger an mit den Worten: *„Friede euch!"*. Der umfassende Friede „Schalom", der auch Heil und Rettung ist. Jesus schenkt uns keinen menschlichen Frieden, sondern den *„Friede[n] Gottes, der allen Verstand übersteigt"* (Philipperbrief 4,7).

Jesus *„zeigte ihnen die Hände und die Seite. Da freuten sich die Jünger, als sie den Herrn sahen."* Auch wir heute können uns freuen, weil Jesus gestorben und auferstanden ist. Die Auferstehung von Jesus bedeutet, dass unser Tod nicht das Ende ist. Auch wir werden auferstehen und wieder leben, wenn wir an Jesus glauben. Nach unserem Tod werden wir bei Gott sein. Unser Leben hat wegen Jesus einen Sinn. Vielleicht haben wir Angst vor dem Vorgang des Sterbens oder vor den Schmerzen, die mit dem Sterben verbunden sind. Aber Jesus befreit uns vor der Angst vor dem Tod, weil er uns vorangegangen ist.

Jesus spricht: *„Wie der Vater mich ausgesandt hat, sende ich auch euch."* Gott der Vater hat seinen Sohn Jesus in die Welt geschickt. Jesus bevollmächtigt nun seine Jünger, von ihm zu reden. Welche Abenteuer die ersten Jünger erlebt haben, können wir in der Apostelgeschichte nachlesen. Jesus sandte nicht nur damals seine Jünger aus, sondern auch uns heute. Unser Leben ist für Jesus kostbar. Jede und jeder von uns hat einen bestimmten Auftrag von Jesus, der nur sie oder er erfüllen kann. Wir leben nicht 70 oder 80 Jahre (vgl. Psalm 90,10) und versinken dann im Nichts. Wegen Jesus hat unser Leben sogar einen Ewigkeitswert.

Jesus *„hauchte sie an und spricht zu ihnen: Empfangt Heiligen Geist!"* Jesus rüstet seine Jünger mit der nötigen Kraft aus. Seit Pfingsten wohnt der Heilige Geist in den Gläubigen.

Jesus spricht: *„Wenn ihr jemandem die Sünden vergebt, dem sind sie vergeben, wenn ihr sie jemandem behaltet, sind sie ihm behalten."* Jesus übergibt uns Nachfolgerinnen und Nachfolgern die Macht, Sünden zu vergeben (vgl. Matthäusevangelium 16,19; 18,18 und 2.Korintherbrief 5,20).

Hier stellt sich die Frage: Was ist Sünde? Sünde sind alle Gedanken, Worte und Taten, die gegen die Zehn Gebote und gegen die Gottes-, Nächsten- und Selbstliebe verstossen. Auch wenn jemand nicht an Gott und die Bibel glaubt, hat sie oder er trotzdem moralische Standards. Gott gab uns ein Gewissen und das Gewissen sagt uns, was wir tun sollten. Doch wer von uns tut immer, was das Gewissen uns sagt respektive unterlässt das, was wir nicht tun sollten? Das Problem mit der Sünde ist: Unsere Sünde und unsere Verfehlungen trennen uns von dem heiligen und perfekten Gott.

Das EVANGELIUM, die frohe Botschaft und gute Nachricht lautet kurz zusammengefasst: Gott zeigt seine Liebe zu uns Menschen an Karfreitag und Ostern: Jesus hat alle unsere Sünde getragen am Kreuz von Golgatha im Jahr 30 n.Chr. Als Jesus starb, wurden auch unsere Sünden vernichtet. Weil Gott der Vater seinen Sohn Jesus an Ostern auferweckt hat, können auch wir eine Beziehung zu Gott erhalten oder vertiefen. Mit einem einfachen Gebet können wir Gott unsere Sünden bekennen: „Dreieiniger Gott, ich habe erkannt, dass ich gegen dich gesündigt habe. Bitte vergib mir. Reinige mich. Komm in mein Leben und leite mich von nun an. Amen." Wenn wir so beten, erhalten wir eine Beziehung mit Gott.

Karfreitag und Ostern bedeuten: Unsere Sünden sind weg. Das Böse ist beseitigt. Es trennt uns nichts mehr von Gott.

Pfingsten bedeutet: Wenn wir an Jesus glauben, empfangen wir den Heiligen Geist. Der Heilige Geist schenkt uns Friede und Freude (vgl. Galaterbrief 5,22-23). Das Böse ist nicht nur weg, sondern das Gute kommt in unser Leben!

4.2 Zweite Szene: Glauben statt zweifeln!

Thomas war am Ostersonntag nicht dabei, als Jesus sich den anderen Jüngern zeigte. Thomas wird auch der zweifelnde Thomas genannt. Nicht nur Thomas hat an der Auferstehung von Jesus gezweifelt, sondern auch andere Jünger. So berichten es die anderen Evangelien (vgl. Matthäusevangelium 28,17, Lukasevangelium 24,11.21.25). Die Juden damals rechneten nicht mit der Auferstehung des Messias, sondern mit der Auferstehung der Gerechten am Ende der Zeit, am Jüngsten Tag (vgl. Daniel 12,2; Prediger 12,14). Zweifeln ist etwas Menschliches. Wir erleben oft Schlimmes in unserem Leben oder unsere Mitmenschen enttäuschen uns oder wir verstehen Gott nicht. Deswegen zweifeln wir. Thomas drückt seine Zweifel in drei Punkten aus: „(1.) *Wenn ich nicht in seinen Händen das Mal der Nägel sehe und* (2.) *meine Finger in das Mal der Nägel lege und* (3.) *lege meine Hand in seine Seite, so werde ich nicht glauben.*" Fast genüsslich zählt Thomas diese drei Punkte auf. Er will von Jesus einen handfesten Beweis für seine Auferstehung. Uns geht es doch oft ähnlich: Wir sagen: „Das muss ich mit eigenen Augen sehen." und: „Dies glaube ich erst, wenn ich es gesehen habe." Auch viele unserer Zeitgenossen zweifeln an der Auferstehung von Jesus: Sie können sich nicht vorstellen, dass Jesus wirklich körperlich von den Toten auferstanden ist. Sie vermuten, dass Jesus entweder nur im Geist auferstanden ist, oder dass die Jünger sich das alles ausgedacht haben. Das leere Grab von Jesus ist für sie unlogisch. Gibt es gute Gründe für die körperliche Auferstehung von Jesus?
A) Das Grab von Jesus wurde von bewaffneten römischen Soldaten bewacht. Die Jünger hätten den Leichnam von Jesus gar nicht stehlen können, ohne getötet zu werden.
B) 500 Augenzeugen haben in den Tagen zwischen Ostern und Auffahrt den auferstandenen Jesus gesehen (vgl. 1.Korintherbrief

15,6). Die Zweifler damals konnten viele dieser Augenzeugen noch selber befragen.

C) Aus den verängstigten Jüngern, die sich in ihren Zimmern versteckten und die *„Türen aus Furcht vor den Juden"* verschlossen haben, sind mutige Zeugen für Jesus geworden, die öffentlich predigten und dadurch Strapazen, Schläge und sogar den Tod in Kauf nahmen. Niemand würde freiwillig für eine selbsterdachte Lüge so viel leiden.

D) Jesus zeigte sich nicht nur damals den Menschen, sondern auch während der ganzen 2000-jährigen Kirchengeschichte und auch heute noch. Er spricht durch die Bibel, aber auch übernatürlich durch Träume, Visionen oder durch Gotteserscheinungen, sogenannte Theophanien. Die Feststellung, dass viele unterschiedliche Menschen an unterschiedlichen Orten auf der Welt ähnliche Schilderungen von Begegnungen mit Jesus erzählen, spricht für die Tatsache der Auferstehung.

Eine Woche vergeht, in der nichts geschieht. Doch plötzlich *„Da kommt Jesus, als die Türen verschlossen waren, und trat in die Mitte und sprach: Friede euch!"* Wie reagiert Jesus auf die Zweifel von Thomas? Jesus spricht Thomas direkt an: *„Reiche deinen Finger her und sieh meine Hände, und reiche deine Hand her und lege sie in meine Seite."* Was ich so interessant und tröstend finde: Jesus geht persönlich auf die Zweifel von Thomas ein. So macht es Jesus auch heute mit uns. Er geht auf uns zu. Jesus ist so gross, dass er unsere Zweifel erträgt. Wir sind eingeladen, ihm unsere Zweifel in einem ehrlichen Gebet offen zu nennen. Er hat unendlich viele Möglichkeiten, darauf zu reagieren. Jesus spricht: *„und sei nicht ungläubig, sondern gläubig!"* Jesus fordert Thomas nun auf, die Zweifel hinter sich zu lassen und ihm ganz zu vertrauen. Nach dieser Begegnung mit Jesus spricht Thomas das kürzeste Glaubensbekenntnis der Bibel: *„Mein Herr und mein Gott!"*. Diese Aussage *„Mein Herr und mein Gott!"* zeigt uns zwei

Dinge. Thomas nennt Jesus: *„Mein Gott!"*. Jesus ist der Sohn von Gott, ja sogar Gott selber. Der Gott, der mit uns eine persönliche Beziehung eingeht. Thomas nennt Jesus ausserdem: *„Mein Herr!"* Es reicht nicht, Jesus nur theoretisch als *Gott* zu akzeptieren als ein rein intellektuelles Wissen, sondern Jesus will auch der *Herr* in unserem persönlichen Leben sein. Er will der Chef sein über unser ganzes Leben. Er will unsere Gedanken, Worte und Taten bestimmen. Er zwingt jedoch niemanden dazu, sondern wünscht sich unsere freie Entscheidung. Eine Beziehung kann nie erzwungen werden. Sie muss gegenseitig sein.

„Jesus spricht zu ihm: Weil du mich gesehen hast, hast du geglaubt. Glückselig sind, die nicht gesehen und doch geglaubt haben!" (Johannesevangelium 20,29). Thomas hat Jesus gesehen, deshalb hat er geglaubt. Jesus nennt uns, die wir ihn nicht mit eigenen Augen gesehen haben, *„glückselig."* Der Begriff *„glückselig"* besteht aus zwei Teilen: glücklich und selig. *„Glücklich"* bezieht sich auf die Freude, die Gott uns gibt. Diese Freude ist unabhängig von den äusseren Umständen. *„Selig"* weist auf die Beziehung zu Gott hin. Jesus nennt uns glückselig, wenn wir ihm vertrauen, obwohl wir ihn noch nicht sehen.

Zusammenfassung

Wir kennen sicher alle Menschen in unserem Verwandten- oder Freundeskreis, die keinen Bezug zum christlichen Glauben haben oder an Gott und Jesus zweifeln. Jesus sendet uns genau zu diesen Menschen. Nicht wir sollen sie *über*zeugen oder bekehren, sondern ihnen *be*zeugen, was Jesus uns bedeutet und was er in unserem Leben bewirkt hat. Wir können sie darauf hinweisen, dass wir auch nicht alle Antworten auf die grossen Fragen des Lebens kennen, doch dass der Grund unseres Glaubens und die Antworten auf unsere grossen Lebensfragen keine abstrakten Prinzipien sind, sondern eine PERSON. Die Person des gekreuzigten und auferstandenen Jesus Christus. Das Thema dieses Kapitels ist: Zweifeln erlaubt?! Ja, Zweifeln ist erlaubt. Aber das Ziel besteht nicht darin, beim Zweifeln stehen zu bleiben. Auf einer skeptischen Distanz zu Jesus als *„Herr[n] und Gott"* stehen zu bleiben, sondern sich auf Jesus Christus auszurichten. Wir können uns Thomas als Beispiel nehmen: Obwohl Thomas an der Auferstehung von Jesus zweifelte, traf er sich eine Woche nach Ostern mit den anderen Jüngern. Wahrscheinlich haben sie zusammen Gottesdienst gefeiert oder miteinander gegessen. Thomas hat also aktiv etwas gegen seine Zweifel unternommen. Auch wir können aktiv etwas gegen unsere Zweifel unternehmen, indem wir uns auf Jesus ausrichten. Es gibt verschiedene Möglichkeiten, dies zu tun:

A) Beispielsweise einen Gottesdienst zu besuchen. Dann haben wir Gemeinschaft mit Gott und anderen Christen.

B) Oder wir können ein Kapitel in der Bibel lesen. Die Bibel ist das Wort von Gott und wenn wir in der Bibel lesen, spricht Gott in unseren Alltag hinein.

C) Wir können ein Gebet zu sprechen. Wenn wir beten, sprechen wir mit Gott.

D) Wenn wir an der Auferstehung oder an anderen zentralen Aussagen der Bibel zweifeln, empfehle ich zwei Bücher. Timothy Keller „Warum Gott?". In diesem Buch beschäftigt er sich unter anderem mit der Frage, warum der gute Gott das Leid zulassen kann. In seinem Buch „Fragen an das Leben" stellt sich Nicky Gumbel unter anderem die Fragen: Wer ist Jesus? Warum starb Jesus? Warum und wie bete ich? Das Buch enthält ausserdem lustige Bilder. Diese beiden Bücher eignen sich auch gut als Geschenk für jemanden, der Interesse am christlichen Glauben bekundet.

Jesus forderte nicht nur damals Thomas auf, sondern auch uns heute: *„Sei nicht ungläubig, sondern gläubig! Glückselig sind, die nicht gesehen und doch geglaubt haben!"*

Fragen zum Nachdenken und Diskutieren

A) Wo hegst du Zweifel gegenüber dem christlichen Glauben? Wie kannst du ihnen begegnen?

B) Wem kannst du von Jesus erzählen? Bete um Gottes Leitung.

5. Pfingsten: Der Heilige Geist ist der Strom unseres Lebens!

Immer, wenn ich in dieser Grossen Kirche Altstetten bin und nach vorne auf das grosse Holz-Kreuz schaue, sehe ich unten links die kleine, weisse Steckdose. Das Bild der Steckdose passt gut zu Pfingsten. Wenn wir auf das Kreuz von Jesus blicken, schenkt Gott der Heilige Geist uns die Kraft für unseren Alltag, den Strom für unser Leben. Wir können bei ihm auftanken. Wie können wir uns konkret auf Jesus ausrichten? Es gibt dazu viele verschiedene Wege, weil wir Menschen unterschiedlich sind. Gott der Heilige Geist geht auf jeden Menschen unterschiedlich ein. Doch einige Wege haben sich im Laufe der Jahrhunderte bewährt. Wenn wir beispielsweise in der Bibel lesen, zu Gott beten, einen Gottesdienst oder Hauskreis besuchen, das Abendmahl nehmen oder Gott ein Lied singen.

Fragen zum Nachdenken und Diskutieren

A) Was hilft dir, dich auf Jesus auszurichten?

B) Was könntest du tun, was du noch selten oder nie getan hast?

6. Bist du ein Fan von Jesus?

Ich bin ein hingerissener Fan meiner Frau Christina. Genauso ist Johannes ein hingerissener Fan von Jesus. Wer war Johannes? Johannes arbeitete mit seinem Bruder Jakobus bei seinem Vater, der ein Fischer war. Sie führten also zusammen ein Familienunternehmen. Johannes war ein Fan von Jesus, er war total begeistert von ihm, er war angefressen von Jesus. Johannes nennt sich in seinem Evangelium *„der Jünger, der an der Brust von Jesus lag"*. Dies rührt daher, dass man früher nicht am Tisch sass, sondern am Tisch lag.

6.1 Warum ist Johannes ein hingerissener Fan?

Der Hauptgrund bestand darin: Johannes begleitete Jesus etwa drei Jahre lang begleitete und er erkannte dadurch, dass Jesus ganz Gott und ganz Mensch ist. Was erlebte er mit ihm? Auf einige spezielle Begebenheiten werden wir kurz eingehen:

A) Berufung: Johannes war anfangs ein Jünger von Johannes dem Täufer. Als Johannes der Täufer Jesus sah, sprach er: *„Siehe, das Lamm Gottes! Und es hörten ihn die zwei Jünger* [= Andreas und Johannes der Evangelist] *reden und folgten Jesus nach"* (Johannesevangelium 1,36-37). Johannes war also mit Andreas einer der ersten Jünger von Jesus.

B) Johannes erlebte auch ein gewaltiges Wunder, das Jesus vollbrachte: Einmal starb ein kleines Mädchen und der Vater Jaïrus bat Jesus, zu ihm zu kommen. Unterdessen vernahm er aber, dass es gestorben ist. Das ganze Haus war voll von Trauernden und Weinenden. Jesus ging nur mit den Eltern des Mädchens und drei seiner Jünger, Petrus, Jakobus und Johannes, in den Raum, wo das

Mädchen lag. Jesus weckte das Mädchen von den Toten wieder auf (vgl. Markusevangelium 5,22-43).

C) *„Und nach sechs Tagen nimmt Jesus den Petrus und Jakobus und Johannes, seinen Bruder, mit und führt sie abseits auf einen hohen Berg. Und er wurde vor ihnen umgestaltet. Und sein Angesicht leuchtete wie die Sonne, seine Kleider aber wurden weiß wie das Licht; und siehe, Mose und Elia erschienen ihnen und unterredeten sich mit ihm. Petrus aber begann und sprach zu Jesus: Herr, es ist gut, dass wir hier sind. Wenn du willst, werde ich hier drei Hütten machen, dir eine und Mose eine und Elia einen. Während er noch redete, siehe, da überschattete sie eine lichte Wolke, und siehe, eine Stimme kam aus der Wolke, welche sprach: Dieser ist mein geliebter Sohn, an dem ich Wohlgefallen gefunden habe. Ihn hört! Und als die Jünger es hörten, fielen sie auf ihr Angesicht und fürchteten sich sehr. Und Jesus trat herbei, rührte sie an und sprach: Steht auf und fürchtet euch nicht! Als sie aber ihre Augen aufhoben, sahen sie niemand als ihn, Jesus, allein"* (Matthäusevangelium 17,1-8).

D) Beim letzten Abendmahl erzählte Jesus, dass einer seiner zwölf Jünger ihn verraten würde. Johannes lag an der Brust von Jesus. Deshalb sprach Petrus zu Johannes, er soll Jesus fragen, wer der Verräter sei. Jesus sprach: *„Dem ich einen Bissen [Brot] geben werde!"* Dann gab er Judas einen Bissen (vgl. Johannesevangelium 13,18-30). Nur Johannes wusste im Vorhinein, wer der Verräter ist.

E) Nach dem letzten Abendmahl erlebt Johannes etwas Spezielles im Garten Gethsemane. Jesus geht zwar mit allen zwölf Jüngern in den Garten Gethsemane. Doch *„er nimmt den Petrus und Jakobus und Johannes mit sich und fing an, sehr bestürzt und geängstigt zu werden. Und er spricht zu ihnen: Meine Seele ist sehr betrübt, bis zum Tod. Bleibt hier und wacht!"* (Markusevangelium 14,33-34). Dies geschah kurz vor der Kreuzigung.

F) Am Karfreitag im Jahr 30 n.Chr., als Jesus am Kreuz hing, war Johannes und seine Mutter Maria auch unter dem Kreuz anwesend. Jesus sprach einen seiner letzten Sätze an Johannes. *„Als nun Jesus die Mutter* [Maria] *sah und den Jünger, den er liebte* [= Johannes], *dabeistehen, spricht er zu seiner Mutter: Frau, siehe, dein Sohn! Dann spricht er zu dem Jünger: Siehe, deine Mutter! Und von jener Stunde an nahm der Jünger* [Johannes] *sie zu sich"* (Johannesevangelium 19,26-27). Jesus beauftragt also Johannes, für seine Mutter Maria zu sorgen. Johannes war dadurch zuständig für Maria, die Mutter von Jesus, weil es damals ja noch keine Altersvorsorge gab. Die Kinder waren damals die Altersvorsorge für ihre Eltern. Weil Jesus der erstgeborene Sohn von Maria war, musste er den Unterhalt seiner Mutter organisieren. Es war also der letzte Wunsch von Jesus, quasi sein Testament, dass zwischen seiner Mutter Maria und Johannes ein Adoptiv-Verhältnis entsteht. Dieses Ereignis zeigt, wie nahe sich Jesus und Johannes standen.

G) An Ostern geht Maria Magdalena zum Felsengrab von Jesus und sieht, dass der grosse Stein weggerollt ist. Deshalb geht sie zurück zu den Jüngern und erzählt es ihnen. Johannes und Petrus machen sich auf den Weg zum Grab. Sie wollen sich selber ein Bild von allem machen. Johannes ist sogar zuerst dort. Er ist also der erste Mann, der am Grab von Jesus eintrifft. „und als er [= Johannes] sich vornüberbeugt, sieht er die Leinentücher daliegen; doch ging er nicht hinein. Da kommt Simon Petrus, der ihm folgte, und ging hinein in die Gruft und sieht die Leinentücher daliegen und das Schweißtuch, das auf seinem Haupt war, nicht zwischen den Leinentüchern liegen, sondern für sich zusammengewickelt an einem besonderen Ort. Da ging nun auch der andere Jünger [= Johannes] hinein, der zuerst zu der Gruft kam, und er sah und glaubte" (Johannesevangelium 20,5-9). Johannes und Petrus gehen in das Grab von Jesus und sehen, dass es leer war, dass Jesus von den Toten auferstanden ist.

H) Jesus begegnet seinen Jüngern einige Male während den 40 Tagen zwischen Ostern und Auffahrt, unter anderem am See Tiberias. Dort sieht Johannes den Jesus, der von den Toten auferstanden ist (vgl. Johannesevangelium 21,20).

I) In der Apostelgeschichte stehen einige Begebenheiten, was Johannes nach der Auferstehung von Jesus erlebte: Johannes heilt dort mit Petrus einen Gelähmten. Daraufhin werden sie gefangengenommen, kommen aber wieder frei (vgl. Apostelgeschichte 3,1-4,23). Kurz nachher wird Johannes und andere Apostel wieder verhaftet, aber ein Engel befreit sie aus dem Gefängnis. Nach einem zweiten Verhör werden sie geschlagen und erneut entlassen (vgl. Apostelgeschichte 5,17-42).

Johannes war zusammen mit Petrus und Jakobus eine der drei Säulen der Gemeinde (vgl. Galaterbrief 2,9). Johannes hat nicht nur das Johannesevangelium geschrieben, sondern auch die drei Johannesbriefe und die Offenbarung, das letzte Buch der Bibel.

Johannes ist der „Jünger an der Brust von Jesus". Ein Geheimnis des christlichen Glaubens: Jede und jeder kann Gott ganz nahe sein: *„Naht euch Gott! Und er wird sich euch nahen"* (Jakobusbrief 4,8a). Johannes tat dies eben mit grosser Leidenschaft: Möglichst nahe am Herzen von Jesus zu sein. Gott macht uns auch heute dieses Angebot: Wenn wir uns entschliessen, einen Schritt auf Gott zuzugehen, wird auch er auf uns zugehen. Dies wird bei jedem unterschiedlich ausfallen. Wie geht das konkret? In einem einfachen Gebet können wir Gott unseren Wunsch ausdrücken, ihm näher zu kommen. Man kann auch einen christlichen Seelsorger oder eine Vertrauensperson beiziehen.

Johannes ist ein hingerissener Fan von Jesus, weil er erkannt hat, wer Jesus ist.

6.2 Wer ist Jesus Christus?

Johannes erklärt uns am Anfang, in der Mitte und am Ende seines Evangeliums, wer Jesus ist:

A) Johannes beginnt seinen Bericht über Jesus so: *„Im Anfang war das Wort, und das Wort war bei Gott, und das Wort war Gott. Dieses war im Anfang bei Gott.* […] *Und das Wort wurde Fleisch und wohnte unter uns, und wir haben seine Herrlichkeit angeschaut, eine Herrlichkeit als eines Eingeborenen vom Vater, voller Gnade und Wahrheit"* (Johannesevangelium 1,1-2.14). Jesus, das Wort Gottes, wird Mensch und kommt zu uns auf die Erde, um uns nahe zu sein und uns Gottes Liebe, Gnade und Wahrheit zu bringen.

B) In der Mitte des Evangeliums spricht Jesus: *„Ich und der Vater sind eins"* (Johannesevangelium 10,30). Jesus stellt sich mit Gott dem Vater gleich.

C) Am Schluss des Evangeliums spricht der Jünger Thomas zu Jesus nach seiner Auferstehung: *„Mein Herr und mein Gott!"* (Johannesevangelium 20,28).

Jesus ist der Sohn Gottes. Was heisst das? Jesus ist ganz Gott und ganz Mensch. Jesus ist Gott in Person. Jesus ist das grösste Geheimnis. Jesus war ganz Mensch, mit allen menschlichen Gefühlen wie wir. *„Jesus weinte"* (Johannesevangelium 11,35), als sein Freund Lazarus starb und er war *„ermüdet von der Reise"* (Johannesevangelium 4,6), er freute sich und feierte Feste wie eine Hochzeit (Johannesevangelium 2,2). Doch ein wichtiger Unterschied zu uns besteht: Jesus, *„der in allem in gleicher Weise wie wir versucht worden ist, doch ohne Sünde"* (Hebräerbrief 4,15). Jesus ist ganz Gott. Wie zeigte sich das? Er ist heilig und fehlerlos. Er heilte viele Kranke, tat Wunder, weckte Tote wieder auf und verkündigte beispielsweise in der Bergpredigt die höchste Ethik. Aus jeder Pore seines Daseins strömte Leben. Er hatte eine umwerfende Liebe zu jedem einzelnen Menschen, weil er die Liebe Gottes weiterschenkte. Johannes war davon völlig fasziniert.

6.3 Was ist mit uns?

Wenn wir uns mit Jesus vergleichen und ehrlich sind, stellen wir fest, dass wir nicht fehlerlos sind, sondern oft gegen die Zehn Gebote und die Gottes-, Nächsten- und Selbstliebe verstossen. Die Bibel nennt dies Sünde. Das EVANGELIUM, die frohe Botschaft und gute Nachricht ist nun: Weil Jesus sündlos lebte, konnte er sein Leben auch als reines Opfer für uns einsetzen, damit wir wieder Frieden mit Gott erhalten können. Am Karfreitag hat Jesus alle unsere Sünde vernichtet durch seinen Tod am Kreuz. Durch seine Auferstehung an Ostern ermöglicht Jesus uns die Vergebung unsere Sünden und damit eine Beziehung mit Gott. Jesus ist ganz Mensch und ganz Gott. Wir können dies nie ganz fassen. Jesus sprengt alle unsere menschlichen Kategorien. Wir können uns vielleicht einen Halbgott vorstellen: Beispielsweise Herkules, der übermenschliche Kräfte hat, oder der unverwundbare Achilles, der nur an der nach ihm benannten Achillessehne verwundbar ist. Jesus ist jedoch nicht nur ein Halbgott, sondern ein Ganzgott: Ganz Gott und ganz Mensch. Er wurde Mensch, um uns die ganze Fülle Gottes zu bringen und mit uns zu teilen. Johannes gibt sogar den Grund an, warum er sein Evangelium verfasste: *„Auch viele andere Zeichen hat nun zwar Jesus vor den Jüngern getan, die nicht in diesem Buch geschrieben sind. Diese aber sind geschrieben, damit ihr glaubt, dass Jesus der Christus ist, der Sohn Gottes, und damit ihr durch den Glauben Leben habt in seinem Namen"* (Johannesevangelium 20,30-31).

A) *„damit ihr glaubt"* = durch den Glauben erhalten wir eine Beziehung zu Gott. Glauben heisst vertrauen. Wie ich meine Frau Christina einmal fragte, ob sie mit mir zusammen sein will, so können wir Jesus in einem einfachen Gebet sagen, dass wir mit ihm eine Beziehung eingehen wollen.

B) *„Jesus der Christus ist, der Sohn Gottes"* = Dies ist der Inhalt des christlichen Glaubens. Wir glauben an die Person Jesus Christus, der ganz Mensch und ganz Gott ist.

C) *„Leben in seinem Namen"* = Wir alle sehnen uns nach einem erfüllten Leben. Jesus bietet uns dies an. Ein Leben, das sich lohnt. Ein Leben mit Ewigkeitswert. Kurzgefasst: An Jesus zu glauben ist der Sinn des Lebens. Er verbindet uns wieder mit Gott. Heutzutage gilt die Selbstverwirklichung als eines der höchsten Ziele. Doch Jesus lädt uns ein zur Gottes-Verwirklichung: Ein Mitarbeiter zu werden im Reich Gottes. Dies heisst nicht, dass wir ein problemloses Leben erhalten werden. Wenn wir an Jesus glauben und unser Leben für ihn einsetzen, lohnt sich dies gewaltig. Jesus bietet uns ein überaus erfülltes Leben an: Ein Leben voller Liebe, Freude, Frieden und Geduld (vgl. Galaterbrief 5,22-23). Er pflanzt uns auch in eine Kirche ein, wo wir ein Mitglied einer Kirchen-Familie werden: Menschen, die für uns da sind und für die wir da sind in guten wie in schlechten Tagen.
Falls wir alles hätten: Geld, Gesundheit, Partner, Glück, aber Jesus nicht, hätten wir nichts. Nichts mit Ewigkeitswert. Auch das Umgekehrte gilt: Falls wir nur Jesus haben und sonst nichts, haben wir alles!

Johannes zog eine interessante Zusammenfassung aus seinen Erlebnissen mit Jesus: Am Anfang des 1.Johannesbriefes schreibt er: *„Das Leben ist erschienen, und wir haben gesehen und bezeugen und verkündigen euch das Leben, das ewig ist, das beim Vater war und uns erschienen ist"* (1.Johannesbrief 1,2).

Eine überaus erstaunliche Aussage: Das Leben erscheint als Person. Johannes ist durch seine Erlebnisse mit Jesus zum Schluss gekommen: Das ist Leben, wer dieser Jesus ist, was dieser Jesus sagt und tut. Das ist Leben in Person. Jesus ist der Grund des Lebens, der Sinn des Lebens und die Erfüllung des Lebens.

Wir alle haben einen Hunger nach Leben in uns. Die Frage stellt sich nur, wie wir diesen Hunger stillen.

Zusammenfassung

Ich lade alle ein, mitzubeten: Jesus Christus, Sohn Gottes! Danke, dass du auf diese Welt gekommen bist und Mensch geworden bist. Wie Johannes möchte ich ein hingerissener Fan von dir werden. Ich wünsche mir, nahe an deinem Herzen zu sein, um dir nachzufolgen, wohin du auch gehst. Lass mich noch tiefer verstehen, wie dieses Leben in Fülle aussieht. In meiner ganz persönlichen Situation. Bitte nimm alles weg, was mich von dir trennt. Rede so zu mir, dass ich es verstehe. Amen.

Fragen zum Nachdenken und Diskutieren

A) Wer ist Jesus für dich?

B) Findest du Erfüllung im Glauben an Jesus? Warum (noch) nicht? Was tust du, um deine Begeisterung für Jesus anzufachen?

7. Warum lässt Gott das Leid zu?

7.1 Die Problemstellung (Felix Schmid; mit Erlaubnis)

Einerseits ist die Welt wunderschön. Wir sind umgeben von Wundern. Alles ist so liebevoll eingerichtet. Andererseits ist alles von Negativem durchzogen: Krankheit, Krieg, Unfälle, aber auch innere Nöte, Ängste und natürlich der sichere Tod. Da stellt sich die Frage: Was ist los? Wo ist Gott? Ist Gott gut und böse zugleich? Erst schenkt er uns das Leben und dann quält er uns? Oder gibt es ihn eben doch nicht und alles verlief halt zufällig so, wie es jetzt ist? „Wenn ich das Böse in der Welt sehe, kann ich nicht an einen guten Gott glauben." Diesen Satz höre ich sehr häufig. Es ist auch eine sehr, sehr grosse Frage in der Theologie. Ist Gott gerecht? Oder ist er gleichgültig all dem Leid gegenüber? Oder ist er schwerhörig? Oder hat er sich einfach zurückgezogen und lässt die Erde nun halt noch zu Ende kreisen, bis wir uns z.B. selber vernichtet haben oder ein grosser Komet alles Leben auslöscht…?

7.2 Die Diagnose der Bibel

Es kam zur Trennung zwischen Gott und den Menschen, weil die Menschen ihre Freiheit wollten und sich deshalb von Gott lösten. Ohne den „berühmten Sündenfall" ist die jetzige Situation der Menschheit nicht erklärbar. Da wird dann häufig gefragt: Warum hat es Gott nicht so eingerichtet, dass es gar keinen Sündenfall geben konnte? Eine schwierige Frage. Sie hat eben mit der Freiheit zu tun. Gott hat uns ihm ähnlich erschaffen als Gegenüber („*Und Gott sprach: Lasst uns Menschen machen in unserm Bild, uns ähnlich!*", 1.Mose 1,16a). Dass wir seine Freunde seien. Ja, sogar seine Kinder; Söhne und Töchter. Nicht Marionetten oder Roboter, die gesteuert werden. Das gibt uns eine riesige Würde. Ich habe das

Vorrecht, Gott aus freien Stücken zu lieben. Liebe gedeiht nur in Freiheit. Ich habe aber auch die Möglichkeit, Gott links liegen zu lassen, zu ignorieren. Mich nicht für ihn zu interessieren. Aber diese Freiheit hat auch eine Kehrseite. Wegen ihr haben wir das Paradies verloren. Der Mensch hat von dem berühmten Baum der Erkenntnis gegessen: Eva und die Frucht. Das bedeutet: Der Mensch wollte selber *„sein wie Gott"* (1.Mose 3,5). Nicht von Gott abhängig sein. Alles selber herausfinden. Es kam zur Trennung zwischen Gott und uns Menschen. Seither sind wir in diesem Dschungel unterwegs zwischen gut und böse. Was ist böse, was ist gut? Was sagt mein Gewissen? Ich kann als Schweizer gar nicht unschuldig leben. Mein Handy wurde unter menschenunwürdigen Bedingungen hergestellt. Die Bibel sagt: Gott hat dem Menschen die Erde anvertraut. Alles war gut. Der Mensch war der Verwalter dieser Erde. Er hat die Türe für das Böse geöffnet. Er hat den eigenen Weg gewählt und dadurch eben auch dem Negativem Einfluss ermöglicht.

7.3 Die Auswirkungen des Negativen: Leid (vom Verfasser)

Leid kann mehrere Ursachen haben: Ein Grund ist unser Fehlverhalten, das Gott in der Bibel „Sünde" nennt. Wenn wir bewusst das Böse tun wie zum Beispiel stehlen oder lügen, dann werden wir auch die Auswirkungen davon tragen müssen. „Wer einmal lügt, dem glaubt man nicht und wenn er auch die Wahrheit spricht." Ein Dieb wird irgendwann im Gefängnis landen oder sonst Probleme erhalten. Wenn du über andere lästerst, wirst du irgendwann keine Kollegen mehr haben. Dies waren Beispiele aus dem Alltag.

Das Böse, unter dem wir leiden, hat oft die Ursache in unserem eigenen Fehlverhalten. Dies ist aber nicht nur in unserem Alltag, sondern auch weltweit so: Es gibt Studien darüber, warum die Menschen leiden. Das verblüffende Ergebnis: Über 90% von allem menschlichen Leiden auf Erden ist von Menschen verursacht.

Lebensmittel und Rohstoffen werden nicht gerecht geteilt. Dies führt zu Hunger und Armut. Da sind die Menschen schuld, unter anderem Regierungen, die bestechlich sind. Wenn die Reichen nicht immer mehr wollten und bereit wären, mit den Armen zu teilen, hätte es für alle mehr als genug zu essen.

Weiter gibt es Leiden, das durch Krieg verursacht wird.

Es gibt Leid, weil Menschen streiten, zu viel Alkohol oder Drogen konsumieren, gewalttätig sind oder Kinder verwahrlost werden. Dann gibt es auch Leiden wegen Unfällen oder Leichtsinnigkeit.

Allerdings gibt es auch unschuldiges Leiden. Viele Menschen leiden unschuldig: Entweder wegen der Bosheit anderer Menschen (sie haben Hunger, weil die Lebensmittel und Rohstoffe nicht gerecht verteilt sind oder sie werden gemobbt) oder wegen allgemeinem Leid wie Naturkatastrophen und Krankheiten. Dann stellen sie die Frage: „Warum lässt Gott das zu?"

Wie wir vorher gesehen haben, hängt das oft mit unserer Freiheit zusammen. Die Menschheit hat dem Negativen die Türe aufgetan, denn sie wollte ihre eigenen Wege ohne Gott gehen.

7.4 Gottes Lösung für unser Leid

Ist Gott dies alles nun gleichgültig? Lässt er uns mit dem Bösen, das in die Welt eindringen konnte, einfach allein? Nein, er sandte JESUS! Jesus ist die Antwort. Die Antwort ist eine Person. Jesus ist der Sohn Gottes. Was heisst das? Gott wurde in Jesus Mensch. Jesus ist ganz Gott und ganz Mensch. Er kam zu uns auf diese Welt, um uns die Liebe von Gott zu bringen. Jesus litt selber am Kreuz von Golgatha. Unser Leiden lässt Gott nicht unberührt: Er leidet selber mit! Gott sieht unseren Schlamassel, in dem wir drin stecken. Gott ist traurig darüber, wie es auf Erden läuft. Gott hat darum einen Rettungsplan geschmiedet. Er wird selber Mensch und teilt alles mit uns: Freude und Leid. Dadurch beweist er, dass er uns nicht verlassen hat und fern ist.

Gott geht bis zum Äussersten und erlebt alle menschlichen Leiden. Er wird verraten, verspottet, gegeisselt und qualvoll hingerichtet. Obwohl Jesus nie etwas Böses tat in seinem Leben, wurde er unschuldig hingerichtet. Dadurch hat er unser Böses getragen. Dadurch hat er auch alles besiegt.

Aber: Jesus blieb nicht tot. Gott der Vater hat ihn wieder von den Toten auferweckt. Jesus ist auferstanden von den Toten und lebt nun ewig.

7.5 Was können wir tun, wenn wir selber leiden?

Mit Gott reden. Beten. Auch Hadern und Klagen. Wir dürfen Gott gegenüber alle unsere Gefühle ausdrücken, wie dies beispielsweise Lilly Wood & The Prick & Robin Schulz in ihrem Song „Prayer in C" taten. Wichtig ist, ehrlich zu sein und auch extreme Gefühle zuzulassen. Mit Beten reden wir mit Gott. Es gibt ein Sprichwort: „Not lehrt beten!" Gott die Probleme erzählen, wie du sie einer

Kollegin oder einem Kollegen besprichst. Dabei ist es eine grosse Ermutigung, wenn wir uns an Jesus erinnern: Er hat in seinen schlimmsten Stunden auch gebetet im Garten Gethsemane und am Kreuz. Das hilft uns beim Beten und auch beim Klagen. Wir merken: Gott ist das nicht gleichgültig. Er leidet mit. Er lebte auch als Mensch. Er kennt alle meine Gefühle und Nöte. Wenn es uns schlecht geht, stehen wir vor der Wahl: Entweder wir werden wütend auf Gott und wenden uns von ihm ab, oder unsere Beziehung zu ihm vertieft sich sogar (vgl. Hiob 42,5). Entweder wir werden bitter oder besser [englisch: bitter or better].

7.6 Was können wir tun, wenn andere leiden?

Was rät uns Gott, wenn nicht wir, sondern unsere Familienangehörigen oder Kollegen leiden müssen? Gott fordert von uns: „Freut euch mit den sich Freuenden, weint mit den Weinenden!" (Römerbrief 12,15). Dies ist viel schwieriger als einfach Sprüche zu klopfen. Gott fordert von uns, dass wir mit anderen mitfühlen und mitleiden (vgl. Galaterbrief 6,2). Doch Gott hilft uns auch dabei durch seinen Heiligen Geist, der uns Weisheit gibt. Als es mir schlecht ging, habe ich von vielen Erwachsenen Sprüche gehört wie: „Das ist doch gar nicht schlimm!" oder: „Sei keine Memme!" Das Leid ist für die andere Person real und wenn du das nicht ernst nimmst, vergrösserst du sogar ihr Leid! u bist sogar ein „Gehilfe Gottes", wenn du es so machst wie er: mitleiden, trösten, das Leid lindern, helfen.

7.7 Wie gehe ich mit meiner Schuld um?

Sehr wichtig beim Thema Leiden: Wir sind nicht nur unschuldige Opfer. Wir sind alle auch schuldige Täter. Jeder von uns hat anderen schon bewusst oder unbewusst Böses zugefügt. Wir alle waren schon gemein, vielleicht sogar gewalttätig oder unehrlich.

Ich kann nicht immer nur zu Gott gehen und ihm alles Böse der anderen klagen. Es kommt auch der Punkt, wo ich ehrlich sein muss und die eigenen Fehler zugeben muss, zur eigenen Schuld stehen muss. Deshalb lehrt Jesus uns beten im Unser-Vater-Gebet: *„Und vergib uns unsere Schuld* [zuerst!] *wie auch wir vergeben unseren Schuldigern"* (Matthäusevangelium 6,12). Im Lied „Prayer in C" ging es darum, dass „ich dir [= Gott] nicht vergeben kann", doch das Umgekehrte ist entscheidend: Dass Gott uns vergibt! Wenn wir bewusst gesündigt haben, bietet Gott uns heute die Vergebung an: *„Wenn wir unsere Sünden bekennen, ist er* [= Gott] *treu und gerecht, dass er uns die Sünden vergibt und uns reinigt von jeder Ungerechtigkeit"* (1.Johannesbrief 1,9). In einem einfachen Gebet können wir Gott unser Fehlverhalten nennen und er wird sie uns vergeben. Wenn ich erlebe, wie Gott mir vergibt und mich von meinen Lasten befreit, fällt es mir auch leichter, anderen zu vergeben, die mir Böses angetan haben

Zusammenfassung

Gott hat die Welt nicht verlassen. Noch immer gibt es sehr viel Gutes und Schönes, das er uns schenkt. Das Negative möchte er mit uns gemeinsam tragen und überwinden. Wenn wir an ihn glauben und ihm auch im Alltag vertrauen, wird es immer Hoffnung geben. Gott ist an unserer Seite. Gott ist nicht der Verursacher des Bösen. Gott ist das Gegenmittel dagegen. Er vergibt, tröstet, heilt, begleitet uns und am Ende bietet er uns das ewige Leben im Himmel an, wo es ein Happy End geben wird. Dort wird das Leid endgültig überwunden sein.

Abschluss mit Gebet

Wir danken dir, treuer Gott im Himmel, dass du gut bist. Es steht von dir geschrieben, dass du durch und durch gut bist, dass es bei dir nicht hell und dunkel, Licht und Schatten gibt, sondern dass du Liebe in Person bist. Und danke, dass du uns Menschen nicht aufgegeben hast, auch als wir eigene Wege gingen, auch dass du diese Welt besucht hast. Auch in dieser Weihnachtszeit feiern wir ein riesiges Fest: Gott ist in Jesus Mensch geworden. Wir danken dir, dass du uns vergibst, wenn wir dich darum bitten. Amen.

Anmerkungen

A) Ein Missionar erzählte den Menschen in Angola von Jesus. Die Menschen dort waren so arm, dass sie gar nichts besassen. Einmal war er als Schweizer von ihrer Armut so betroffen, dass er sie offen fragte: „Warum glaubt ihr überhaupt noch an Gott?" Sie sagten: „Ohne den Glauben an Gott könnten wir ja nicht einmal mehr beten und dann hätten wir ja gar nichts mehr!" (Anekdote von Pfr. Benedict Schubert, 27.10.2014, Druck mit Genehmigung).

B) Hiob spricht, nachdem er leiden musste und Gott zu ihm gesprochen hatte: *„Vom Hörensagen hatte ich von dir gehört, jetzt aber hat mein Auge dich gesehen"* (Hiob 42,5). Vor dem Leiden war sein Glaube noch oberflächlich, vielleicht war er „religiös" oder rituell, doch nachdem er leiden musste, sagt er: Nun kenne ich Gott besser.

C) Im Lied „Prayer in C" singen Lilly Wood & The Prick & Robin Schulz: „You, you never said a word. You didn't send me no letter" [Du sagtest nie ein Wort. Du hast mir keinen Brief geschrieben]. Doch Gott hat sogar mehrere Briefe geschrieben. Ein ausführlicher Liebesbrief an uns: Die BIBEL. Wenn wir in der Bibel lesen, redet Gott zu uns. Sie ist das Wort Gottes, das schwarz auf weiss vorliegt. Wenn wir in ihr lesen, spricht Gott zu uns und tröstet uns. Es ist hilfreich, ein kostenloses BibelApp und die Losungen auf dem Smartphone zu installieren und täglich darin zu lesen.

D) Heute haben wir viel über das Leid gehört. Doch Jesus ist grösser! Jesus ist nicht nur gestorben, sondern auch auferstanden von den Toten! Dadurch hat er den Tod und das Leid besiegt. Gott hat nun zwei Lösungen gegen das Leid bereit:

a) Kleine, menschliche Lösung: Ich erfahre, Gott leidet mit mir mit. Ich kann dann mit anderen mitfühlen und Jesus wirkt durch mich und lindert das Leid. Christen verändern die Welt durch die Liebe von Gott. Mit einem einfachen Gebet können wir Jesus in unser Leben einladen.

b) Grosse, göttliche Lösung: Der Himmel. Gott wird dort Gerechtigkeit wiederherstellen.

8. Du sollst dir kein Götterbild machen!

„Du sollst dir kein Götterbild machen, auch keinerlei Abbild dessen, was oben im Himmel oder was unten auf der Erde oder was im Wasser unter der Erde ist. Du sollst dich vor ihnen nicht niederwerfen und ihnen nicht dienen. Denn ich, der HERR, dein Gott, bin ein eifersüchtiger Gott, der die Schuld der Väter heimsucht an den Kindern, an der dritten und vierten Generation von denen, die mich hassen, der aber Gnade erweist an Tausenden von Generationen von denen, die mich lieben und meine Gebote halten" (2.Mose 20,4-6).

8.1 Was ist ein Götterbild?

Das zweite Gebot lautet: *„Du sollst dir kein Götterbild machen!"* Bei einem Götterbild denken wir vielleicht zuerst an das goldene Kalb, um das die Israeliten tanzten. Das goldene Kalb war wohl ein junger Stier. Ein primitiver Fruchtbarkeitskult.

„Du sollst dir kein Götterbild machen!" heisst wortwörtlich: wir sollen uns kein Abbild von Gott herstellen aus Holz, Stein, Silber oder Gold. Dieses Gebot Gottes zieht sich wie ein roter Faden durch die ganze Bibel: *„Die Götzen der Nationen sind aus Silber und Gold, ein Werk von Menschenhänden. Einen Mund haben sie, reden aber nicht. Augen haben sie, sehen aber nicht. Ohren haben sie, hören aber nicht. Auch ist kein Atem in ihrem Mund"* (Psalm 135,15-17, ähnlich auch Psalm 115,4). Der lebendige Gott verspottet solche blinden, tauben und stummen Götterbilder.

Das zweite Gebot ist sehr ausführlich. Gott gebietet: *„Du sollst dir kein Götterbild machen, auch keinerlei Abbild dessen, was oben im Himmel oder was unten auf der Erde oder was im Wasser unter der Erde ist. Du sollst dich vor ihnen nicht niederwerfen und ihnen* *nicht dienen"* (2.Mose 20,4). Dies ist umfassend. In einem weiteren, übertragenen Sinn fordert Gott von uns auch, dass wir uns kein geistiges Götterbild machen! Was ist ein geistiges Götterbild? Ein Gedanke, eine Idee, eine Ideologie, eine totalitäre Weltanschauung. Etwas, das sich an die Stelle von Gott setzt. Im 20.Jahrhundert beispielsweise die politischen Ideologien: der Kommunismus oder der Nationalsozialismus. Ein weiteres geistiges Götterbild ist der Humanismus. Von homo = der Mensch. Der Mensch stellt sich ins Zentrum des Universums. Alles dreht sich um ihn. Der Humanismus lehnt den Gott der Bibel ab und bastelt sich stattdessen sein eigenes Gottesbild nach seinem Gutdünken. Er vermischt dabei heidnische, hinduistische, buddhistische, islamische und esoterische Gedanken mit den christlichen. Wenn dann jemand auf den Gott der Bibel und auf das Bilderverbot hinweist, gibt es einen Aufschrei in der Kirche und in der Politik, wie dies Mitte Januar 2015 in Bremen geschah, als Pfarrer Olaf Latzel predigte und vor falschen Göttern warnte.

Heutzutage gibt es auch die totalitär auftretende Genderideologie, auch Gender Mainstreaming oder Genderismus genannt. Die Genderideologie lehnt alle sozialen, gesellschaftlichen und psychologischen Unterschiede zwischen Mann und Frau ab. Dies hat zur Folge, dass Kinder im Kindergartenalter selber entscheiden sollen, ob sie heterosexuell, homosexuell, bisexuell, transsexuell oder eines der weiteren Gender sind. Anhand von Sexboxen mit Geschlechtsteilen aus Plüsch wird dies herausgefunden. Dies ist auch ein modernes Götterbild! Eine Idee *„oben im Himmel"* wird angebetet. Eine Idee wird über die Wirklichkeit gestülpt.

Bald ist wieder Valentinstag: Blumen, Schoggi, Herzchen, traute Zweisamkeit. So wird die romantische Liebe beschworen. Die Frankfurter Allgemeine Zeitung spricht in einem Artikel sogar von der „egoistischen Zweisamkeit" als „Ersatzreligion Liebe":

„Der Mythos der Liebe ist der Leitstern unserer Zeit: Das einzige Ziel des Lebens ist es, Mr. oder Mrs. Right [= den richtigen Partner] zu finden" (Markus Günther, Ersatzreligion Liebe, FAZ 25.09.2014).

Fazit dieser Beispiele: Viele Ideen und Gedankensysteme können zu Götterbilder werden, die wir anbeten und denen wir dienen.

8.2 Ist Gott eifersüchtig?

Vielleicht denkst du jetzt: Das zweite Gebot ist so negativ! Gott verbietet uns, ein Götterbild anzufertigen. Doch das zweite Gebot ist positiv. Es befreit uns! Der Grund für das Bilderverbot ist, dass Gott uns alle gewaltig fest liebt! Gott spricht: *„Denn ich, der HERR, dein Gott, bin ein eifersüchtiger Gott"* (2.Mose 20,5). Für uns Menschen ist Eifersucht eine schlechte Charaktereigenschaft, die viele Beziehungen zerstört, wie auch das Sprichwort sagt: „Eifersucht ist eine Leidenschaft, die mit Eifer sucht, was Leiden schafft" (Franz Grillparzer, Epigramme 1830, S. 398). Doch wenn Gott sich hier als *„eifersüchtig"* oder eifernd beschreibt, dann hat dies mit seiner Liebe zu uns Menschen zu tun. Gott liebt uns so eifersüchtig, dass er nicht will, dass wir neben ihm noch andere Götter verehren (1.Gebot) oder ein Götterbild von ihnen anbeten (2.Gebot). Ein Vergleich: Ich liebe meine Frau Christina und ich will nicht, dass sie neben mir noch einen anderen Mann hat oder verehrt. Ebenso kann sie dies natürlich von mir erwarten. Wie sieht die Liebe von Gott zu uns konkret aus? Gott, *„der aber Gnade erweist an Tausenden von Generationen von denen, die mich lieben und meine Gebote halten"* (2.Mose 20,6). Gottes Liebe ist seine Gnade: Gott vergibt uns unsere Vergehen und Sünden, wenn wir ihn lieben und seine Gebote halten. Wie können wir Gott lieben? Jesus spricht: *„Wenn jemand mich liebt, so wird er mein Wort* *halten"* (Johannesevangelium 14,23a). Was ist das: *„mein Wort"*? Die Bibel, weil in ihr die Worte von Jesus aufgeschrieben sind. Wenn wir in der Bibel lesen, spricht Gott zu uns. Sein Gebot lautet, den unsichtbaren Gott zu verehren. Gott ist auch derjenige, *„der die Schuld der Väter heimsucht an den Kindern, an der dritten und vierten Generation von denen, die mich hassen"* (2.Mose 20,5). Im ersten Moment erschrecken wir! Gott rächt die Schuld eines Urgroßvaters oder einer Urgroßmutter sogar noch an deren Urenkeln. Wie können wir das verstehen? Ist Gott ungerecht? Gott ist eben auch ein Gott der Gerechtigkeit, der Rache und der Vergeltung (vgl. Psalm 94,1). Gott ist nicht ein Prinzip, auch nicht einfach ein Prinzip Liebe, wie wir das gerne hätten, sondern eine lebendige Person. Er gibt uns Menschen eine grosse Verantwortung: Wir müssen die Konsequenzen unseres Tuns tragen. Gott nimmt uns ernst. Dies ist ein Bestandteil seiner Liebe. Wir können Gottes Liebe aber auch ablehnen und ihn stattdessen hassen, damit schaden wir aber uns selber und sogar unseren Nachkommen.

8.3 Ist Gott unsichtbar?

Gott befiehlt uns im zweiten Gebot, kein Götterbild anzufertigen. Das Problem dabei ist: Wir Menschen sind visuelle Lebewesen. In der Bibel heisst es dazu ganz nüchtern und sachlich: *„Denn der Mensch sieht auf das, was vor Augen ist"* (1.Samuel 16,7b). Viele Menschen sind visuelle (Lern-)Typen: Wenn wir etwas mit den Augen sehen, können wir es uns besser merken. Wir brauchen Bilder, um uns Gott vorzustellen. Wir Menschen können dieses Problem nicht lösen. Doch Gott selber hat es gelöst: Jesus selber ist das Abbild von Gott: *„Er ist das Bild des unsichtbaren Gottes"* (Kolosserbrief 1,15a). Jesus spricht: *„Wer mich gesehen hat, hat den Vater gesehen"* (Johannesevangelium 14,9b).

Wenn wir auf Jesus blicken, sehen wir Gott, den Vater. Gott kommt in Jesus zu uns auf die Erde.

Gott der Vater sah, dass wir uns nicht an die Zehn Gebote halten können oder wollen. Wir alle verstossen täglich gegen sie:

(1) Wir verehren andere Götter neben Gott und basteln uns unseren eigenen Glauben,

(2) wir fertigen uns Götterbilder aus Material oder in Gedanken,

(3) wir fluchen und missbrauchen den Namen von Gott,

(4) wir arbeiten am Sonntag oder werden vom Arbeitgeber dazu gezwungen,

(5) wir entehren unsere Eltern und andere Autoritäten,

(6) wir töten Ungeborene, Alte oder unsere Gegner in Gedanken,

(7) wir brechen die Ehe, in Gedanken oder in der Tat,

(8) wir stehlen und füllen die Steuererklärung falsch aus,

(9) wir treten als falscher Zeuge auf gegen andere und lästern hinterrücks,

(10) wir begehren Personen und Dinge, die uns nicht gehören: den Partner, den Reichtum oder die Karriere von andern (vgl. 2.Mose 20,1-17 und 5.Mose 5,6-21).

Gott sieht unsere Ungerechtigkeit und unsere Vergehen. Deswegen sandte er seinen Sohn Jesus auf die Erde. Jesus hat nie gegen eines der Zehn Gebote verstossen. Er lebte perfekt, weil er das „*Bild des unsichtbaren Gottes*" (Kolosserbrief 1,15a) ist. Gott der Vater hat seinen Sohn Jesus für uns ans Kreuz ausgeliefert. Dort trug er im Jahr 30 n. Chr. unsere Schuld. Als Jesus starb, wurde auch unsere Schuld vernichtet. Dies ist kurz zusammengefasst das EVANGELIUM, die frohe Botschaft und gute Nachricht. Gott hat Jesus am dritten Tag auferweckt von den Toten. Jesus lebt und dadurch können wir eine Beziehung mit Gott erhalten oder vertiefen. Mit einem einfachen Gebet können wir Gott annehmen: „Dreieiniger Gott, ich habe gegen die Zehn Gebote verstossen. Es tut mir leid. Bitte komm in mein Leben und leite mich von nun an. Amen."

Wenn wir bemerken, dass wir selber gemachte Ideen verehren, dann gilt uns das Angebot von Jesus. Er bietet uns heute die Vergebung und einen Neustart an. Dabei hilft er uns selber dabei, dieses Gebot zu erfüllen. Wie können wir uns auf Gott ausrichten? Wenn wir in der Bibel lesen, spricht er zu uns. Wenn wir beten, reden wir mit ihm.

Wenn wir dies tun, schenkt Gott uns eine gesunde Balance: Weder werden wir die romantische Liebe zwischen Mann und Frau überbetonen wie dies am Valentinstag geschieht, noch die Liebe zwischen Mann und Frau ablehnen, wie dies in der Genderideologie geschieht. Gott schenkt uns das Gleichgewicht, weder die Politik zu verabsolutieren, wie im Nationalsozialismus oder Kommunismus, noch unpolitisch zu werden, weil wir uns beispielsweise für das Lebensrecht der ungeborenen Kinder einsetzen.

Wenn wir Jesus in unserem Leben ergreifen, befreit er uns auch vom Humanismus. Unser ständiges Drehen um uns selber vermindert sich, weil wir uns dafür einsetzen, dass das Reich Gottes vergrössert wird.

Das zweite Gebot: *„du sollst dir kein Götterbild machen!"* ist nicht negativ, sondern positiv und eine Befreiung! Jesus befreit uns vor falschen und gefährlichen Gottesbildern und Gottesvorstellungen. Jesus selber *„ist das Bild des unsichtbaren Gottes"* (Kolosserbrief 1,15a).

Fragen zum Nachdenken und Diskutieren

A) Welche Götterbilder befinden sich in deinem Leben, die du (vielleicht unbewusst) verehrst? Bitte Gott, sie dir aufzuzeigen. Bitte ihn dann um Vergebung. Er wird dich reinigen.

B) Lies Jesaja 44,1-23 und 46,1-13. Was spricht dich am meisten an?

9. Gott gönnt dir einen Ruhetag!

„Denke an den Sabbattag, um ihn heilig zu halten. Sechs Tage sollst du arbeiten und all deine Arbeit tun, aber der siebte Tag ist Sabbat für den HERRN, deinen Gott. Du sollst an ihm keinerlei Arbeit tun, du und dein Sohn und deine Tochter, dein Knecht und deine Magd und dein Vieh und der Fremde bei dir, der innerhalb deiner Tore wohnt. Denn in sechs Tagen hat der HERR den Himmel und die Erde gemacht, das Meer und alles, was in ihnen ist, und er ruhte am siebten Tag; darum segnete der HERR den Sabbattag und heiligte ihn" (2.Mose 20,8-10).

9.0 Einleitung

Das Sabbatgebot kommt sowohl im 2.Mose als auch im 5.Mose vor. Es gibt einige Unterschiede:

„Beachte den Sabbattag, um ihn heilig zu halten, so wie der HERR, dein Gott, es dir geboten hat! Sechs Tage sollst du arbeiten und all deine Arbeit tun; aber der siebte Tag ist Sabbat für den HERRN, deinen Gott. Du sollst an ihm keinerlei Arbeit tun, du und dein Sohn und deine Tochter und dein Sklave und deine Sklavin und dein Rind und dein Esel und all dein Vieh und der Fremde bei dir, der innerhalb deiner Tore wohnt, damit dein Sklave und deine Sklavin ruhen wie du. Und denke daran, dass du Sklave warst im Land Ägypten und dass der HERR, dein Gott, dich mit starker Hand und mit ausgestrecktem Arm von dort herausgeführt hat! Darum hat der HERR, dein Gott, dir geboten, den Sabbattag zu feiern" (5.Mose 5,12-15).

9.1 Der Sabbat im Alten Testament

Das Interessante an den Zehn Geboten ist, dass sie in der Bibel zweimal vorkommen, sowohl im 2.Mose als auch im 5.Mose. Die Reihenfolge ist dieselbe, doch das vierte Gebot ist speziell. Die Grundaussage ist bei beiden Versionen dieselbe: *„Heilige den Sabbattag."* Es gibt jedoch vier Unterschiede:

A) Der grösste Unterschied besteht in der Begründung, warum die Israeliten überhaupt Sabbat halten sollen: Im 2.Mose ist die Begründung: Weil Gott in sechs Tagen die Erde erschaffen hat und am siebten Tage ausruhte, soll der Mensch auch sechs Tage arbeiten und am siebten ruhen. 2.Mose nimmt auf die Schöpfung Bezug. Im 5.Mose lautet die Begründung, die Israeliten sollen am siebten Tag ruhen, weil sie in Ägypten Sklaven waren und damals keinen freien Tag hatten. 5.Mose nimmt also auf die Geschichte Israels Bezug.

Weiter gibt es drei kleinere Unterschiede:

B) Das erste Wort ist unterschiedlich. Im 2.Buch Mose steht: *„DENKE an den Sabbattag"* und im 5.Buch Mose: *„BEACHTE den Sabbattag." „Beachten"* ist der stärkere Ausdruck als nur daran *„denken."* Der Grund dafür könnte sein, dass Mose bei dieser zweiten Version der Zehn Gebote im 5.Mose betonen wollte, dass die Israeliten den Sabbat auch wirklich halten und nicht nur daran denken sollten.

C) Das 5.Buch Mose ergänzt zusätzlich den Satz: [Du sollst an ihm keinerlei Arbeit tun] *„damit dein Sklave und deine Sklavin ruhen wie du".* Für Gott ist es wichtig, dass auch die Sklaven oder Angestellten die Möglichkeit haben, einen Tag pro Woche auszuruhen.

D) Das 5.Buch Mose erwähnt zusätzlich zum *„Vieh"* noch *„Rind und den Esel"*, betont also die Tiere noch stärker.

Fazit: Die Fassung im 5.Mose ist sozialer und mehr auf die Menschen und Tiere ausgerichtet. 2.Mose ist mehr auf Gott ausgerichtet. Beide Sichtweisen ergänzen sich.

„Heilig" ist hier ein Schlüsselbegriff: *„denke an/beachte den Sabbattag, um ihn HEILIG zu halten"*. Was heisst *heilig*? Getrennt vom Normalen, abgesondert, rein, einen Bezug zu Gott haben. Gott fordert von uns im vierten Gebot, dass wir einen Tag pro Woche absondern, gleichsam trennen von den normalen sechs Arbeitstagen und einen Bezug zu Gott herstellen.

Vielleicht hast du dich auch schon gefragt, warum wir Christen heute nicht den Sabbat am Samstag feiern, sondern am Sonntag den Ruhetag. Dies hat mit Jesus zu tun, deshalb werde ich seine Meinung zum Sabbat kurz skizzieren.

9.2 Der Sabbat im Neuen Testament

Alle vier Evangelien berichten davon, wie Jesus am Sabbat Menschen heilte. Den Pharisäern war dies ein Dorn im Auge. Sie tadelten Jesus, warum er am Sabbat Menschen heilte. Für sie war dies Arbeit, die ja verboten war am Sabbat. Für uns ist dies heute wahrscheinlich unverständlich. Doch die Pharisäer damals hielten sich an viele ausgeklügelte Regeln, die man am Sabbat einhalten musste: Beispielsweise erfanden sie die Regel, dass sie maximal einen Kilometer pro Sabbat gehen durften. Jesus dagegen macht deutlich: Wer jemanden heilt, bricht damit den Sabbat nicht. Allenfalls bricht er die selber gemachten Sabbatregeln der Pharisäer. Jesus betont: *„Der Sabbat ist um des Menschen willen geschaffen worden und nicht der Mensch um des Sabbats willen"* (Markusevangelium 2,27). Der Ruhetag soll uns Menschen wirklich gut tun und uns nicht mit menschlich erdachten Vorschriften knechten.

In einem anderen Zusammenhang spricht Jesus davon, dass er der *„Herr des Sabbats"* ist (Matthäusevangelium 12,8). Jesus Christus ist der Sohn Gottes. Er hat deshalb unter anderem auch die Vollmacht von Gott, selber festzulegen, dass Menschen heilen keine Arbeit ist und was man am Sabbat tun und lassen soll.

Mit andern Worten ausgedrückt: Jesus lehrt uns, dass es auf den grundsätzlichen Sinn des Sabbats ankommt: Einen heiligen Tag zu begehen, der abgetrennt ist von den anderen Tagen. Einen Ruhetag zu halten, in die Gegenwart von Gott kommen.

In der gleichen Tradition von Jesus schreibt auch Paulus im Kolosserbrief: *„So richte euch nun niemand wegen [...] eines Sabbats, die ein Schatten der künftigen Dinge sind, der Körper selbst aber ist des Christus"* (Kolosserbrief 2,16-17). Dies ist etwas kompliziert ausgedrückt. Ich deute diesen Vers so: Der Sabbat ist nur ein Abbild, ein Schatten, nicht das Eigentliche. Es geht im christlichen Glauben nicht um die Erfüllung des Sabbats, sondern um den Glauben an Jesus Christus.

Muslime feiern ihren Ruhetag am Freitag, Juden ihren Sabbat am Samstag, Christen ihren Ruhetag am Sonntag und Coiffeusen und Pfarrer am Montag.

Am Sabbat kam die israelitische Gemeinde zusammen zum Gottesdienst. Diese Tradition ist bis heute so. Es gibt mehrere Gründe dafür, warum die ersten Christen begonnen haben, den Sonntag als Ruhetag zu feiern und nicht mehr den Sabbat am Samstag:

A) Jesus ist am ersten Tag der Woche auferstanden, also am Ostersonntagmorgen.

B) Er erschien mindestens dreimal an Sonntagen seinen Jüngern (vgl. Johannesevangelium 20,1.19.26).

9.3 Unser Ruhetag heute

Die Einhaltung des Ruhetages oder die Heiligung des Sonntags nimmt in Westeuropa von Jahr zu Jahr ab. Nicht nur Tankstellen, sondern auch immer mehr normale Läden haben auch am Sonntag geöffnet. In der Weihnachtszeit locken viele Geschäfte ihre Kunden mit verkaufsoffenen Sonntagen. Meine Meinung dazu: Den Franken, den man am Sonntag ausgibt, kann man dafür am Montag nicht mehr ausgeben. Wenn wir nicht umdenken, haben wir vielleicht bald Zustände wie in China, wo die Menschen teilweise nur vier freie Tage pro Jahr haben.

Bevor ich die anderen tadle, muss ich mich jedoch selber an der eigenen Nase nehmen: Lange habe ich mich gefragt, ob ich diese Predigt überhaupt halten soll, darf und kann. Vor dem Vikariat und teilweise auch während des Vikariates, gab es teilweise Wochen und Monate, in denen ich keinen Ruhetag gehalten habe. Ich habe jeden Tag der Woche gearbeitet. Zunehmend wurde ich unausgeglichener und schneller gereizt. Langfristig zahlen wir einen zu hohen Preis, wenn wir keine Pausen einplanen. Ich predige mir diese Predigt also auch selber und will sie mir selber zu Herzen nehmen.

Was können wir Sinnvolles am Sonntag tun? Der Sonntag eignet sich hervorragend, um einen Gottesdienst zu besuchen. Dort können wir Zeit mit Gott und Menschen verbringen. Gemeinschaft mit Gott verbringen wir, wenn wir in der Bibel lesen, beten, singen und eine Predigt hören. Gemeinschaft mit Menschen verbringen wir im anschliessenden Kirchenkaffee. Zusammen sind wir eine Kirchenfamilie. Wir können uns gegenseitig ermutigen.

Wenn jemand am Sonntag arbeiten muss, gibt es bei vielen Kirchen auch unter der Woche Angebote, an denen wir andere Christen treffen können.

Das EVANGELIUM, die frohe Botschaft und gute Nachricht lautet: Jesus hilft uns, dieses Sabbatgebot zu erfüllen. Er verändert uns, wenn wir uns auf ihn ausrichten. Ich denke, wir ehren Gott, wenn wir ihm ehrlich bekennen: „Gott, ich habe oft Mühe, mich an den Ruhetag zu halten. Ich brauche deinen Heiligen Geist dazu." Wie wir vorhin gesungen haben: „Wenn mein Können, mein Vermögen nichts vermag, nichts helfen kann, kommt mein Gott und hebt mir an, sein Vermögen beizulegen" (Paul Gerhard, RG 724,5). Wenn wir Gott unser Unvermögen eingestehen, hilft er uns gerne.

Einen Ruhetag pro Woche zu halten ist auch ein Zeichen des Gottvertrauens:

A) Ich vertraue Gott, dass er mich in finanziellen und allen anderen Bereichen versorgen wird. Ich muss nur fünf oder sechs Tage arbeiten in der Woche, aber nicht sieben.

B) Obwohl wir im Beruf, Familie oder in anderen Bereichen stark eingespannt sind, ist es gut, zu sagen: Ich vertraue Gott, dass es auch einen Tag ohne mich geht. Ich kann mich zurücknehmen.

Schluss

Jesus lädt uns ein, einen Ruhetag pro Woche zu halten. Am Sonntag können wir in einem Gottesdienst die Beziehung zu Gott und Menschen pflegen. Jesus lehrt uns unter anderem, mit dem Ruhetag richtig umzugehen, denn Jesus Christus ist der *„Herr des Sabbats"* (Matthäusevangelium 12,8).

Fragen zum Nachdenken und Diskutieren

A) Wie hälst du den Ruhetag?

B) Was könntest du am kommenden Ruhetag tun, was du normalerweise nicht tust? Was könntest du unterlassen?

10. Dein Leben ist wertvoll!

10.1 Im Alten Testament die wortwörtliche Bedeutung

„Du sollst nicht töten!" (2.Mose 20,13). Vielleicht geht es dir im ersten Moment gleich wie mir. Du denkst: „Dieses Gebot betrifft mich ja gar nicht. Ich habe ja noch nie jemanden getötet." Da hast du hoffentlich recht. Das Gebot: *„Du sollst nicht töten!"* könnte aber auch mit anderen Worten ausgedrückt so lauten: „Schütze das Leben, weil es kostbar ist!" Dann betrifft es uns alle! Dein Leben ist kostbar und wertvoll!

„Du sollst nicht töten!" Wortwörtlich heisst das sechste Gebot übersetzt: *„Du sollst nicht* (unrechtmässig) *morden!"* Wir sollen also niemanden unrechtmässig umbringen. Dieses Gebot bedeutet für uns heute drei Dinge:

A) Gott will mit diesem Gebot das Leben schützen und zwar alles Leben von der Zeugung bis zum natürlichen Tod. Stichwortartig sei darauf verwiesen, dass für viele Christinnen und Christen in vielen Zeiten und Kulturen der Schutz des ungeborenen Lebens zentral war. Ungeborene Kinder sind die schwächsten Glieder unserer Gesellschaft. Sie können sich nicht selber wehren. Belege in der Bibel dafür liefert beispielsweise Psalm 139, in dem König David in dichterischer Sprache ausdrückt: *„Nicht verborgen war mein Gebein vor dir, als ich gemacht wurde im Verborgenen, gewoben in den Tiefen der Erde. Meine Urform* [= mich als Embryo] *sahen deine Augen"* (Psalm 139,15-16a). Ähnlich spricht Gott zum Propheten Jeremia: *„Ehe ich dich im Mutterleib bildete, habe ich dich erkannt, und ehe du aus dem Mutterschoß hervorkamst, habe ich dich geheiligt"* (Jeremia 1,5a). Das ungeborene Leben ist kostbar.

B) Auch das alternde Leben ist kostbar. Nicht erst heute stehen wir vor den Herausforderungen, dass Menschen immer älter werden. Bereits 1600 v. Chr., also vor 3600 Jahren, spricht Gott in den 10 Geboten das fünfte Gebot: *„Ehre deinen Vater und deine Mutter"* (2.Mose 20,12a). Das nächste Gebot lautet: *„Du sollst nicht töten!"* Diese Reihenfolge ist nicht zufällig! Vater und Mutter zu ehren bedeutet ganz konkret, dass man sie nicht tötet, auch falls sie einem im Alter zur Last fallen. Dies war wohl in den 40 Jahren Wüstenwanderung der Israeliten eine akute Gefahr.

Als Alternative zur aktiven Sterbehilfe, bei der alte Menschen selber bestimmen, wann sie sterben, gibt es die Palliative Care. Palliative Care „ist der Oberbegriff für alle Bereiche der Versorgung unheilbar Schwerkranker und Sterbender" (Wikipediaartikel Palliative Care, 07.07.2015). Ich bin überzeugt, dass wir die aktive Sterbehilfe nicht unterstützen sollten, sondern helfen sollten, Schmerzen zu lindern.

C) Das eigene Leben ist kostbar! Jetzt stellt sich die Frage nach dem Selbstmord. Dies ist ein heikler Punkt. Gott hat uns allen das Leben gegeben und er will, dass wir leben. Gott gibt uns die Hoffnung, dass wir auch in schwierigen Zeiten nicht verzweifeln. Es gibt auch einen Selbstmord auf Zeit: Wenn jemand übermässig Drogen, Alkohol oder Nikotin konsumiert, ist dies auch eine Art Selbstmord, weil dem Körper, der Seele und dem Geist Schaden zugefügt wird.

10.2 Jesus und die übertragene Bedeutung

Was ich an Jesus Christus so faszinierend finde: Er geht dem Töten auf den Grund. Er bohrt nach, woher das Töten eigentlich kommt. Er spricht: *„Ihr habt gehört, dass zu den Alten gesagt ist: Du sollst nicht töten; wer aber töten wird, der wird dem Gericht verfallen sein. Ich aber sage euch, dass jeder, der seinem Bruder zürnt, dem Gericht verfallen sein wird; wer aber zu seinem Bruder sagt: Raka! [= du Dummkopf!], dem Hohen Rat verfallen sein wird; wer aber sagt: Du [gottloser] Narr!, der Hölle des Feuers verfallen sein wird"* (Matthäusevangelium 5,21-22).

Jesus beschreibt hier eine vierfache Steigerung:

A) Die erste Stufe ist ein zorniger **Gedanke**: *„jeder, der seinem Bruder zürnt, dem Gericht verfallen sein wird"*: Schon nur wer in Gedanken wütend ist auf seinen Mitmenschen, der soll vor das örtliche Gericht müssen. Für uns wäre das heute das Bezirksgericht.

B) Die zweite Stufe ist ein Schimpf-**Wort**: *„wer aber zu seinem Bruder sagt: Raka! [= du Dummkopf!], dem Hohen Rat verfallen sein wird"*: Wer zu seinem Mitmenschen ein Schimpfwort sagt, soll sogar vor den Hohen Rat, das ist der jüdische Sanhedrin. In der Schweiz wäre dies das Bundesgericht.

C) Auch die dritte Stufe ist ein schlimmes Schimpf-**Wort**: *„wer aber sagt: Du [gottloser] Narr!, der Hölle des Feuers verfallen sein wird"*: Der Begriff „Narr" bedeutet ein Gottloser und Abtrünniger. Einer, der nicht an Gott glaubt. Wer also ein schlimmes Schimpfwort verwendet, soll bereits in die Hölle kommen.

D) Erst die vierte Stufe ist die eigentliche **Tat** des Tötens: *„Du sollst nicht töten; wer aber töten wird, der wird dem Gericht verfallen sein."* Man tötet den Mitmenschen körperlich.

In der Bergpredigt verschärft Jesus die Zehn Gebote: Nicht nur die Tat des Tötens ist verboten, sondern wenn wir schon nur zornig und wütend sind auf unsere Mitmenschen und Schimpfworte aussprechen, ist das in den Augen von Gott bereits töten. Was beinhaltet zornig sein? Es gibt das innerliche Zürnen: Wenn man wütend oder verbittert ist, oder sich zurückzieht. Das äusserliche Zürnen: Wenn man aufbrausend oder unfreundlich oder sogar jähzornig ist.

Es gibt einen Unterschied zwischen der wortwörtlichen Bedeutung des sechsten Gebotes: *„Du sollst nicht töten!"* im Alten Testament und der Auslegung von Jesus in der Bergpredigt. Der Reformator Zürichs, Huldrych Zwingli, der in der alten Kirche Altstetten sogar abgebildet ist, hat dazu im Jahr 1523 ein Buch verfasst mit dem Titel: „Von göttlicher und menschlicher Gerechtigkeit". Einige Grundgedanken daraus möchte ich aufgreifen.

10.3 Der Unterschied zwischen der göttlichen und der menschlichen Gerechtigkeit

Zwingli nennt die wortwörtliche Bedeutung im Alten Testament die „menschliche Gerechtigkeit", an die sich alle Menschen halten müssen. Gemessen an der menschlichen Gerechtigkeit sind einige Menschen böser als andere und sind deswegen auch im Gefängnis. Dies kommt daher, weil wir Menschen im Strafrecht den Unterschied machen zwischen nur geschmiedeten Gedanken, den ausgesprochenen Worten und der wirklich ausgeführten Tat.

Jesus spricht am Anfang der Bergpredigt von der *„besseren Gerechtigkeit",* die Zwingli mit dem Begriff der „göttlichen Gerechtigkeit" beschreibt: *„Denn ich sage euch: Wenn nicht eure Gerechtigkeit die der Schriftgelehrten und Pharisäer weit übertrifft*

[*„Wenn eure Gerechtigkeit nicht besser ist...", Lutherübersetzung], so werdet ihr keinesfalls in das Reich der Himmel hineinkommen"* (Matthäusevangelium 5,20). Gemessen an der göttlichen Gerechtigkeit, wo zornig sein bereits ein göttliches Gerichtsverfahren nach sich zieht, sind wir alle Sünder und haben dadurch die Hölle verdient. Der Grund dafür ist: Gott macht keinen Unterschied, ob wir eine böse Tat wie Töten nur gedacht, ausgesprochen (beispielsweise: *„Du Dummkopf!"*, oder: *„du gottloser Narr!"*) oder tatsächlich getan haben.

Vielleicht denkst du: „Wenn dies so ist, bin ich ja verloren! Ich bin manchmal zornig und denke Böses über andere Menschen, spreche auch Schimpfworte aus oder schade anderen willentlich. Ich kann die Ansprüche der Bergpredigt nicht erfüllen." Dann ist es naheliegend, zu verzweifeln. Bereits der Reformator Martin Luther hat dies erkannt: „Du musst in die Verzweiflung kommen und all deinen [eigenen] Kräften misstrauen, dann kommt der Trost [des Evangeliums]" (WA, 11,149,7-20). Jetzt stellt sich die alles entscheidende Frage: Was ist mit dem Evangelium gemeint?

Das EVANGELIUM ist die frohe Botschaft und gute Nachricht! Jesus stellt in der Bergpredigt einerseits die höchste Ethik auf. Absolute Forderungen prallen auf unseren Alltag. Dies löst einen unüberwindbaren Konflikt zwischen Theorie und Praxis aus. Andererseits ist Jesus aber auch der einzige, der seine Bergpredigt selber erfüllt hat. Er hat seine Feinde geliebt und hat sie nicht getötet, weder in Gedanken, Worten, noch Taten. Im Gegenteil: Er selber wurde getötet am Kreuz von Golgatha im Jahr 30 n. Chr. und hat damit unsere Schuld getragen. Gott hat seinen Sohn Jesus von den Toten auferweckt. Weil Jesus lebt, können auch wir ein neues Leben von Gott erhalten, wenn wir ihn in einem einfachen Gebet darum bitten. Weil Jesus gestorben und auferstanden ist, spricht er: *„Ich bin der Weg, die Wahrheit und das Leben"*

(Johannesevangelium 14,6). Ebenso: *„Ich bin die Auferstehung und das Leben"* (Johannesevangelium 11,25). Jesus ist das Leben in Person!

Jesus bietet uns heute die Möglichkeit an, statt des Tötens das Leben zu wählen: Das EVANGELIUM bedeutet für uns, dass wir zu Gott umkehren können. Unabhängig davon, was wir gemacht haben. Auch falls wir beispielsweise jemanden getötet haben, ein Baby abgetrieben haben oder bei der aktiven Sterbehilfe mitgewirkt haben, liebt Gott uns. Er bietet uns Vergebung unserer Taten und einen Neuanfang an. Jesus hilft uns auch, wenn wir manchmal so verzweifelt sind und mit dem Gedanken spielen, uns selber umzubringen. Jesus hilft uns auch, von Süchten loszukommen, beispielsweise der Drogen-, Alkohol- oder Nikotinsucht, weil er uns mehr Leben und längerfristige Freude bietet als diese Dinge.

Ausserdem liefert Gott uns in der Bibel einen praktischen Tipp, wie wir mit unserer Wut umgehen können, die wohl oft die Wurzel der schlimmen Gedanken, Worte und Taten ist. Paulus schreibt: *„Zürnet, und sündigt dabei nicht! Die Sonne gehe nicht unter über eurem Zorn"* (Epheserbrief 4,26). Wenn wir wütend und zornig sind, ist es hilfreich, am Abend vor dem Einschlafen in einem Gebet Gott alle Dinge zu nennen, die einen an diesem Tag genervt haben. Ausserdem sollte man Gott sagen, dass wir den Menschen verzeihen. So kann sich kein Groll anhäufen.

Ich bin davon überzeugt: Die Verschärfung des Gebotes: *„Du sollst nicht töten!"* in der Bergpredigt gilt nur für diejenigen, die Jesus freiwillig nachfolgen wollen. Wir brauchen den Heiligen Geist, um die Bergpredigt zu befolgen. Jesus schenkt uns seinen Heiligen Geist, wenn wir ihn darum bitten.

Jesus Christus spricht: *„Ich bin der Weg, die Wahrheit und das Leben"* (Johannesevangelium 14,6).

Anmerkungen

A) Ich denke, dass es auch Ausnahmen von diesem Tötungsgebot gibt, beispielsweise in einem Verteidigungskrieg. Dies ist meine reformierte, pessimistische Sicht als Offizier. Natürlich gehen die Meinungen dabei auseinander und es gibt auch einen christlich motivierten Pazifismus, der auf Gewalt ganz verzichtet, beispielsweise derjenige der Mennoniten.

B) Seit fünf Jahren findet in der Schweiz der „Marsch fürs Läbe" statt. Dies ist eine öffentliche Kundgebung für den Schutz des ungeborenen Lebens. Das Ziel besteht darin, Müttern Alternativen zu einer Abtreibung aufzuzeigen. Dieser Anlass ist jeweils immer stark umkämpft sowohl in der sichtbaren Welt von linksradikalen Chaoten und Feministinnen als auch in der unsichtbaren Welt vom Teufel: *„Der Dieb kommt nur, um zu stehlen und zu schlachten und zu verderben"* (Johannesevangelium 10,10a). Nur unter massivem Polizeischutz ist diese friedliche Kundgebung möglich.

Fragen zum Nachdenken und Diskutieren

A) Der Heilige Geist muss uns erfüllen, dass wir die Ansprüche der Bergpredigt halten wollen und können. Lies Lukasevangelium 11,9-13.

B) Vielleicht ist es dir nicht möglich, selber am „Marsch fürs Lebe" diesem Marsch teilzunehmen, aber du kannst diesen Anlass im Gebet unterstützen und dadurch einen wertvollen Beitrag zum Gelingen schenken.

11. Wie kann ich meine Beziehungen aufpolieren?

In diesem Kapitel geht es um die *Vergebung* untereinander. Vielleicht kennst du das: Du hast Streit mit einer (Arbeits-)Kollegin oder einem Kollegen und möchtest ihr oder ihm aus dem Weg gehen. Du möchtest dieser Person am liebsten gar nicht mehr begegnen. Oder du hoffst insgeheim, dass der oder die andere den ersten Schritt macht und dich um Vergebung bittet.

Warum kann Gott unsere Beziehungen aufpolieren? Gott lebt in sich schon eine Beziehung: Gott Vater, Gott Sohn und Gott der Heilige Geist. Deswegen ist Gott der Beziehungsspezialist schlechthin. Jesus gibt uns den besten Beziehungsratschlag, um unsere Beziehungen aufzupolieren. Er lehrt uns beten im Unser-Vater-Gebet: *„Und vergib uns unsere Schuld, wie auch wir vergeben unseren Schuldigern!"* (Matthäusevangelium 6,12).

Jetzt stellt sich die Frage: Was ist Schuld? Schuld ist das, was unsere Beziehungen vergiftet und zerstört. Gott spricht durch den Propheten Jesaja: *„Eure Vergehen* [das heisst die Schuld und Sünde] *sind es, die eine Scheidung gemacht haben zwischen euch und eurem Gott"* (Jesaja 59,2a). Das Problem mit der Schuld: Sie trennt uns von dem heiligen und perfekten Gott. Die Lösung: Jesus hat unsere Schuld getragen und Gott hat uns vergeben. Deshalb verlangt er auch von uns, dass wir einander vergeben. Wie oft sollen wir einander vergeben? Petrus stellte Jesus genau diese Frage: *„Herr, wie oft soll ich meinem Bruder, der gegen mich sündigt, vergeben? Bis siebenmal? Jesus spricht zu ihm: Ich sage dir: Nicht bis siebenmal, sondern bis siebzigmal siebenmal!"* (Matthäusevangelium 18,21-22). 490 Mal, immer und immer wieder, sollen wir einander vergeben.

Was passiert, wenn wir einander nicht vergeben? Gott und Jesus meint es todernst mit der Vergebung untereinander. Jesus warnt: *„Denn wenn ihr den Menschen ihre Vergehungen* [das heisst die Schuld und Sünde] *vergebt, so wird euer himmlischer Vater auch euch vergeben; wenn ihr aber den Menschen nicht vergebt, so wird euer Vater eure Vergehungen auch nicht vergeben"* (Matthäusevangelium 6,14-15). In einem Gleichnis führt er dies näher aus: Wegen unseren Vergehen, unserer Schuld und Sünde schulden wir Gott einen Betrag von umgerechnet 9 Milliarden Franken (vgl. Matthäusevangelium 18,21-35)! Wir Menschen schulden uns untereinander 15'000 Franken. Klar, 15'000 Franken ist ein hoher Betrag und es macht einen Unterschied, ob man ihn hat oder nicht. Aber 15'000 Stutz stehen in keinem Verhältnis zu den 9 Milliarden, die wir jede und jeder einzelne Gott schulden.

Schuld ist Abfall! Hier in Altstetten müssen wir jeden Dienstag den Abfall rausbringen. Wir müssen regelmässig den Abfall entsorgen, sonst gibt es Zustände wie in Neapel, wo es seit Jahren ein Müllproblem gibt.

Vielleicht hast du einen (Arbeits-)Kollegen, der dich regelmässig stichelt. Dann hilft es, dies täglich auszusprechen: „Ich vergebe ihr oder ihm. Ich lasse es jetzt los und zwar völlig." Falls wir dies nicht tun, kommt einmal der berühmte Tropfen, der das Fass zum Überlaufen bringt und wir explodieren vor Wut.
Wichtig ist, es auszusprechen: Ich vergebe demjenigen, der mir Böses zugefügt hat. Ob ich das Unrecht je vergessen kann, steht jedoch nicht in meiner Macht. Folgendes Sprichwort, das du vielleicht schon mal gehört oder selber gesagt hast, ist überhaupt nicht hilfreich: „Ich kann vergeben, aber nicht vergessen!" Damit wird die Vergebung abgeschwächt. Gott selber spricht durch den Propheten Jeremia: *„Denn ich werde ihre Schuld vergeben und an ihre Sünde nicht mehr denken"* (Jeremia 31,34b).

Gott selber vergisst unsere Schuld, weil er sich dazu entschliesst. Es ist wichtig zu sagen: „Ich vergebe der Person, die mir Leid zugefügt hat. Ich bitte Gott, dass ich es auch ganz vergessen kann." Denn auch er vergibt dir und denkt nicht mehr an deine Schuld.

Vielleicht kennst du das Lied von Elton John: „Sorry seems to be the hardest word." [= Das Wort Entschuldigung scheint mir das schwierigste zu sein.] Sich zu entschuldigen und um Vergebung zu bitten ist nicht schwach oder für Memmen, sondern es braucht Mut. Man zeigt seine verletzliche Seite. Wir geben zu, dass wir etwas falsch gemacht haben. Aber es lohnt sich.

Vielleicht regst du dich auf: Du willst dem anderen gar nicht vergeben oder du sagst: „Der andere hat angefangen oder der andere ist mehr Schuld." Zum Streiten braucht es jedoch meistens zwei. Es ist zu einfach, zu sagen: „Der ist schuld!" Das Problem, wenn du nachtragend bist: DU trägst jemandem etwas nach, nicht der andere. Es belastet dich selber.

Dazu kommt: Es ist gar nicht möglich, schuldlos zu leben, weil jeder von uns Dinge tut, die gegen Gottes Gebote und gegen die Gottes-, Nächsten- und Selbstliebe verstossen. Wir sind alle Sünder (vgl. Römerbrief 3,23).

Es lohnt sich, das eigene Herz zu prüfen und zu überlegen, was der eigene Anteil an der Schuld ist.

Schuld ist Abfall. Dieser Abfall steht zwischen Gott und dir, zwischen anderen und dir oder zwischen dir und mir. Er trennt uns voneinander.

Das EVANGELIUM, die frohe Botschaft und gute Nachricht an dich, lautet: Heute kannst du konkrete Schritte in diese Richtung tun. Gott bietet uns heute einen Neuanfang an.

Fragen zum Nachdenken und Diskutieren

A) Gibt es Menschen, von denen du weisst, dass etwas zwischen euch steht?

B) Kannst du dies benennen, was zwischen euch steht? Beispiele: Er oder sie hat gelästert, ihr Wort gebrochen oder hat dir sonst Leid zugefügt.

C) Kannst du die Anteile der Schuld zuweisen? Wer hat angefangen? Ist es eine Schuld von der anderen Person oder von dir?

D) Wünschest du dir, dass diese Schuld behoben wird?

12. Der Gewinner ist…

12.1 Jesus: Ein Gewinner oder ein Verlierer?

Rate mal: Wer ist der Gewinner oder die Gewinnerin?

Die Person wuchs in einer einfachen Hütte auf. Die Person erlernte den Beruf eines Zimmermannes und hat Möbel oder Häuser hergestellt. Nichts besonderes. Die Person hatte Kolleginnen und Kollegen, die mit ihr herumgehängt sind. Als die Person 33 Jahre alt war, wurde sie ermordet. Wer könnte es sein? JESUS. Bis hierher sieht Jesus wie ein Verlierer aus.

Damit ist die Jesus-Geschichte jedoch noch nicht vorbei. Gott der Vater hat seinen Sohn Jesus am dritten Tag von den Toten auferweckt! Jesus lebt! Dies feiern wir jedes Jahr an Karfreitag und Ostern. In der Bibel lesen wir dazu: „Er [= Gott], der doch seinen eigenen Sohn [Jesus] nicht verschont, sondern ihn für uns alle hingegeben hat – wie wird er uns mit ihm nicht auch alles schenken?" (Römerbrief 8,32).

In eigenen Worten ausgedrückt: Gott hat seinen Sohn Jesus kurzfristig zum Verlierer gemacht, damit wir langfristig zu Gewinnern werden können. Gott sagt JA zu seinem Sohn Jesus. Obwohl Jesus eine kurze Zeit am Kreuz leiden musste und wie ein Verlierer aussah, ist er der grösste Gewinner aller Zeiten. Weil Jesus von den Toten auferstanden ist, hat er sogar den Tod und das Böse besiegt! Jetzt stellt sich die Frage: Was hat das alles mit dir zu tun? Jetzt frage ich dich:

12.2 Bist du ein Gewinner oder ein Verlierer?

Vielleicht fühlst du dich manchmal als Verlierer oder Verliererin: In der Schule hast du vielleicht schlechte Noten, zu Hause hast du Streit mit deinen Geschwistern oder deinen Eltern oder du wirst von deinen „Kollegen" oder „Kolleginnen" gemobbt. Oder du hast die Aufnahmeprüfung fürs Gymnasium knapp nicht geschafft. Vielleicht bist du auch manchmal mit deinem Aussehen nicht zufrieden oder du hast sonstige Probleme.

Kürzlich sprach ich mit einer Frau, die erst 20 Jahre alt war. Sie sagte: „Ich habe in meinem Leben noch nichts erreicht." Sie fühlte sich als Verliererin und Versagerin. Der Grund dafür: Sie verglich sich mit ihren zwei älteren Brüdern, die beide erfolgreich waren. Ich sagte ihr: „Es ist doch jetzt noch zu früh für ein abschliessendes Urteil."

Vielleicht hast du momentan Probleme und fühlst dich nicht als Gewinner, doch Jesus zeigt uns etwas ganz Spezielles: Auch wenn du eine Niederlage oder einen Verlust erlebst, kann sich dies langfristig als Gewinn herausstellen. Gott lenkt deine Situation.

Beispiel: Meine Frau Christina hat am Mittwoch einem Passanten 1,20 Fr. gegeben, weil er gerade kein Kleingeld für das Tram besass. Daraufhin hat dieser Mann ihr zwei Einkaufsgutscheine im Wert von 22 Fr. geschenkt. Kurzfristig betrachtet hat Christina 1,20 Fr. verloren und doch hat sie überraschenderweise Geld gewonnen.

Vielleicht hast du die Aufnahmeprüfung für das Gymnasium nicht geschafft und bist jetzt traurig. Aber vielleicht wirst du sehen, dass Gott einen Plan für dich bereit hat, der dir mehr entspricht und du findest eine passende Lehrstelle.

12.3 Wie kann ich ein Gewinner werden und auch langfristig bleiben?

Diese Frage könnte auch lauten: „Wie kann ich mich auf Gott ausrichten?" Jetzt fragst du vielleicht: Was hat denn ein Gewinner oder eine Gewinnerin sein mit Gott zu tun? *„Gott nahe zu sein ist mein Glück"* (Psalm 73,28 Einheitsübersetzung). Gott nahe zu sein ist der grösste Gewinn. Alles andere wird vergehen, doch Gott bleibt bestehen. Ich hoffe es zwar nicht für dich, aber theoretisch kannst du in deinem Leben alles verlieren: Familie, Freunde, Geld, Job, Gesundheit, deinen guten Ruf und so weiter, einfach ALLES. Aber Gott kannst du nicht verlieren, wenn er dich gefunden hat.

Das Wichtigste ist, zu wissen, dass Gott dich liebt. Auch wenn du schwierige Zeiten erlebst, kannst du dich daran erinnern: Gott liebt dich und es kann wieder besser werden. Dies ist das EVANGELIUM, die frohe Botschaft und gute Nachricht. Du bist eine Gewinnerin und ein Gewinner, weil Gott dich liebt!

Wie können wir uns ganz praktisch auf Gott ausrichten?

A) Das ist gar nicht so schwierig, du machst es ja gerade jetzt: beispielsweise einen Predigtband lesen oder einen Gottesdienst besuchen. In einem Gottesdienst singen wir zusammen Lieder für Gott, wir beten gemeinsam, wir lesen in der Bibel und haben danach Gemeinschaft miteinander im Kirchenkaffee.

B) In der Bibel lesen. Wenn wir in der Bibel lesen, redet Gott zu uns. Die Bibel ist das Wort von Gott.

C) Beten: Mit Gott reden. Du kannst mit Gott reden wie mit deinem besten Freund oder deiner besten Freundin. Auf den ersten Moment tönt dies vielleicht langweilig. Doch es ist das Spannendste, das es gibt! Gott wird uns auch antworten! Er hat unterschiedliche Wege, wie er das tut. Du kannst mit Gott in allen

Situation reden. Manchmal bin ich so traurig oder wütend gewesen, dass ich nicht mehr normal beten konnte. Dann sieht Gott auch unsere Tränen, unsere Wut und er hört unser Schreien. Jeder und jede kann beten. Du redest ja auch mit deinen Kollegen. Du musst keine speziellen Worte verwenden, um besonders fromm zu klingen. Sage ihm einfach, was du auf deinem Herzen hast.

Du kannst vielleicht am Morgen beim Aufstehen beten oder am Abend vor dem Einschlafen.

D) Eine andere Möglichkeit ist, einen Hauskreis zu besuchen. Wöchentlich oder vierzehntäglich trifft man sich, um gemeinsam in der Bibel zu lesen, zu beten und Gemeinschaft zu leben.

E) Gott wird dir christliche Freunde schenken. In der Kirche sind wir eine Kirchenfamilie. Wir helfen uns gegenseitig und ermutigen uns.

Auf den ersten Blick denkst du: Damit werde ich doch nicht eine Gewinnerin oder ein Gewinner! Gottesdienst besuchen, Bibel lesen, beten, Hauskreis besuchen, Kirchenfamilie sein. Ich denke schon. Auf lange Sicht wird sich dies in deinem Leben positiv auswirken. Du wirst eben nicht nur Hilfe leisten, sondern auch empfangen.

Gott hat seinen Sohn Jesus kurzfristig zum Verlierer gemacht, damit wir langfristig zu Gewinnern werden können!

Ich lade alle ein, mitzubeten: Dreieiniger Gott, wir loben dich, weil du der grösste Gewinner bist. An Karfreitag und Ostern hast du den Tod und das Böse besiegt. Wir danken dir, dass auch wir Gewinner werden wegen dir. Bitte gib uns die Kraft, im Alltag an dich zu denken und langfristig Gewinnerinnen und Gewinner zu werden. Amen.

Fragen zum Nachdenken und Diskutieren

A) Lies Philipperbrief 3,1-16. Was fällt dir auf?

B) Was tust du, um dich langfristig an Jesus zu freuen?

Schlusswort oder: Wie weiter?

Wenn dir das Lesen dieses Buches Gewinn gebracht hat, empfehle ich dir, selber in der Bibel zu lesen. Du kannst beispielsweise beim Johannesevangelium, dem Galaterbrief, 1.Johannesbrief oder 1.Petrusbrief beginnen.

Gott wird zu dir sprechen! Du kannst dir dabei folgende Fragen stellen:

A) Was steht dort geschrieben?

B) Was bedeutet das für mich?

C) Wie kann ich das Erkannte praktisch in meinem Leben umsetzen?

D) Wem kann ich davon erzählen?

Durch die Bibel spricht Gott zu uns. Im Gebet sprechen wir mit ihm.

Danksagungen

Herzlich danke ich Pfr. Rolf Nünlist für seine Anmerkungen zum Manuskript.

Grosser Dank geht an meine Frau Christina, die mich immer unterstützt.

Der grösste Dank gebührt dem dreieinigen Gott, der mich durch die schwierigste Zeit meines Lebens hindurchgetragen hat.

Quellenverzeichnis
Bücher

D. Martin Luthers Werke. 120 Bände. Weimar. 1883–2009.

Grillparzer, Franz. Epigramme 1830. Aus: Sämtliche Werke. Band 1, München. 1960–1965.

Gumbel, Nicky. Fragen an das Leben. Eine praktische Einführung in den christlichen Glauben. Asslar: Gerth. 2015.

Keller, Timothy. Es ist nicht alles Gott, was glänzt. Was im Leben wirklich trägt. Asslar: Gerth. 3.Aufl. 2013.

Keller, Timothy. Warum Gott? Vernünftiger Glaube oder Irrlicht der Menschheit? Giessen: Brunnen. 6.Aufl. 2015.

Zwingli, Huldrych. Göttliche und menschliche Gerechtigkeit. In: Huldrych Zwingli Schriften. Hg. von Thomas Brunnschweiler und Samuel Lutz. Bd.1. Zürich 1995. 159-213.

Lieder

Gerhard, Paul. Sollt ich meinem Gott nicht singen? 1653. RG 724.

John, Elton. Sorry seems to be the hardest word. Blue Moves. 1976.

Schulz, Robin; Wood, Lilly & The Prick. Prayer in C. Prayer. 2014.

Onlineartikel

Günther, Markus. Egoistische Zweisamkeit. Ersatzreligion Liebe. FAZ 25.09.2014. http://www.faz.net/aktuell/gesellschaft/menschen/egoistische-zweisamkeit-ersatzreligion-liebe-13152087.html. 05.07.2016.

Wikipediaartikel „Palliative Care". 07.07.2015.

Verfasser

Michael Freiburghaus, Jahrgang 1986, Theologiestudium in Riehen, Leuven, Bern und Zürich. Offizier (Leutnant) der ABC-Abwehrtruppen. Präsident der Schweizerischen Traktatmission. Seit 2015 reformierter Pfarrer in Leutwil und Dürrenäsch, Schweiz.

Weitere Bücher von ihm im gleichen Verlag:

- Gott liebt dich!
  10 Predigten zum 1.Johannesbrief.

- Ergreife Jesus! – Von Jesus ergriffen
  Aargauer Predigten 2010-2016.

- Jesus ist das Evangelium!
  Solothurner Predigten 2013-2014.

- Welches sind die Gemeinsamkeiten und Unterschiede zwischen dem Alten und Neuen Testament?
  Ein Überblick.

>Himmel und Erde werden vergehen,
>doch Gottes Wort bleibt bestehen!
>
>Die Ewigkeit ist unendlich zu kurz,
>um Gottes Liebe zu loben!